O CAMINHO DE
Perséfone

OBSIDIYANA

O CAMINHO DE

Perséfone

História, magia e os mistérios da deusa da transformação

goya

O CAMINHO DE PERSÉFONE

COPIDESQUE:
Eduarda Rimi

REVISÃO:
Paula Lemos
Angélica Andrade

CAPA:
Filipa Pinto

IMAGEM CAPA:
Death the Bride, por Thomas Gotch, 1912, reprodução via Artepics/ Alamy Stock Photo

DADOS INTERNACIONAIS DE CATALOGAÇÃO NA PUBLICAÇÃO (CIP) DE ACORDO COM ISBD

O14c   Obsidiyana
O caminho de Perséfone / Obsidiyana. - São Paulo, SP : Editora Goya, 2024.
240 p. ; 16cm x 23cm.

ISBN: 978-85-7657-692-1

1. Mitos. 2. Deusas. 3. Mulheres. I. Título.

	CDD 292.13
2024-2877	CDU 292

ELABORADO POR ODILIO HILARIO MOREIRA JUNIOR - CRB-8/9949

ÍNDICES PARA CATÁLOGO SISTEMÁTICO:
1. Mitologia 292.13
2. Mitologia 292

COPYRIGHT © OBSIDIYANA, 2024
COPYRIGHT © EDITORA ALEPH, 2024

TODOS OS DIREITOS RESERVADOS.
PROIBIDA A REPRODUÇÃO, NO TODO OU EM PARTE, ATRAVÉS DE QUAISQUER MEIOS, SEM A DEVIDA AUTORIZAÇÃO.

é um selo da Editora Aleph Ltda.

Rua Bento Freitas, 306, cj. 71
01220-000 – São Paulo – SP – Brasil
Tel.: 11 3743-3202

WWW.EDITORAGOYA.COM.BR

"Meu reinado ainda não terminou."
— *Mary Shelley*

SUMÁRIO

9   **APRESENTAÇÃO**

17   **INTRODUÇÃO**
     A foice agora está em suas mãos

25   **PARTE 1**
27   Perséfone em tempos matriarcais
45   Na propriedade da rainha: adentrando no jardim

63   **PARTE 2**
65   Perséfone na era dos heróis
79   Na propriedade da rainha: um curioso armazém

85   **PARTE 3**
87   O rapto e o estupro na Grécia Antiga

93   **INTERLÚDIO**
95   Hino a Deméter explicado
111   Na propriedade da rainha: o celeiro

119   **PARTE 4**
121   Os frutos de uma deusa madura
141   Na propriedade da rainha: os arredores

147	**PARTE 5**
149	Onde Perséfone e as bruxas se encontram
157	Na propriedade da rainha: o templo
169	**PARTE 6**
171	A Roda das Estações de Perséfone
215	O próximo verão nunca mais será o mesmo
217	Hino órfico a Perséfone
219	Um jogo de chaves
225	**NOTAS**
231	**BIBLIOGRAFIA**
235	**LISTA DE IMAGENS**
237	**SOBRE A AUTORA**

APRESENTAÇÃO

profª dra. Julia Myara

Perséfone, a sublime e obscura Deusa, desdobrou-se em várias designações e facetas ao longo dos tempos, entrelaçando-se na complexa tessitura da história das civilizações, do patriarcado e na trama multicolorida das culturas. A Deusa — num eco que reverbera sob a forma de muitos nomes, muitas famas e muitas versões sobre suas narrativas —, apesar de tudo, vive. Ao longo das eras, Perséfone recebeu distintas nomenclaturas e atributos: ora era a deusa donzela, virginal e sacrificada, pura e submissa; ora era a ingênua e inocente Core, aprisionada em amarras invisíveis tramadas por grandes senhores, fossem eles do céu, como seu pai Zeus, ou do submundo, como seu marido Hades. No entanto, para mim, e para a autora deste livro — que, devo adiantar, é uma joia —, Perséfone transcende essas definições convencionais e limitadas.

Perséfone é Donzela primaveril e senhora das estepes vernais; esse é um dos aspectos de nossa Senhora. Mas ela, múltipla e ambígua, também é guardiã das sombras e regente do obscuro reino subterrâneo. Seu corpo e sua vida personificam os mistérios concernentes à vida e a morte, a sabedoria dos ciclos e a fertilidade profunda da terra (seu aspecto que me parece ser o mais potente). Ela é a portadora de riquezas escondidas, como gemas e minerais preciosos que descansam no solo, mas também é a arquetípica guardiã da fertilidade enraizada nas entranhas da terra escura e fértil, onde pulsam os ritmos que organizam todo o cosmos, a dança entre a vida e a morte, em um eterno ciclo de renascimento e transformação, e explodem na forma de primavera no corpo das flores, dos perfumes, das abelhas e dos frutos, para voltarem, no inverno, para as profundezas da terra na abundância de corpos de todo ser e criatura que um dia viveu.

A catábase de Perséfone, e de todas as criaturas que vivem e morrem, não é uma descida ao inferno cristão mas, fundamentalmente, um rito de transformação que estrutura toda a realidade.

Este livro que você tem em mãos emerge como um documento cartográfico cuidadosamente elaborado, delineando os caminhos intricados da mitologia grega com delicadeza e profundidade. Nessa jornada mítica, histórica e mística, somos guiados por veredas marcadas pela seriedade e pelo rigor acadêmico, sem jamais se descuidar do prazer e da fascinação inerentes à exploração dos mistérios ancestrais. Cada página deste livro, que harmoniza com maestria a erudição e a espiritualidade, se revela como uma chave mestra capaz de abrir portas para transformações profundas e revelações inesperadas, abarcando um espectro vasto de leitores ávidos por conhecimento e significado. Desse modo, ao mergulhar na leitura atenta de *O caminho de Perséfone*, somos convidados a um banquete intelectual que sacia múltiplas sedes de saber.

Para os interessados nas minúcias formais do estudo de Perséfone — desde a multiplicidade de versões das narrativas mitológicas, a metamorfose do mito ao longo das eras e culturas até os impactos sociopolíticos e a história da Grécia Antiga —, este livro se revela como um maravilhoso compêndio. Nele, desvela-se uma pesquisa minuciosa, embasada em sólidos fundamentos acadêmicos que coroam a obra com o selo de credibilidade.

Para aqueles que buscam transcender os limites da objetividade e estender seus domínios aos mistérios insondáveis da (auto)iniciação espiritual e da conexão íntima e transcendental com a esfera da Deusa, *O caminho de Perséfone* também se apresenta como uma tocha acesa.

Este livro, para além de ser uma ampla janela de acesso ao conhecimento erudito, desempenha o papel de guia amoroso e mapa iniciatório para os viajantes da espiritualidade. A autora, Obsidiyana, não só compartilha com amor e generosidade suas descobertas e pesquisas, mas também nos orienta habilmente pelo intrincado labirinto de rituais e feitiços oferecidos e elaborados por ela, imagino, permitindo que adentremos, com reverência, no âmago da conexão enigmática com a Deusa e compartilhando do seu próprio caminho.

Dentro das suas páginas, a autora nos conduz por uma jornada de descobertas que ultrapassa os limites da simples compreensão da venerável deusa Perséfone. Por meio de uma minuciosa pesquisa e abordagens multifacetadas, somos todos convocados a desvendar os múltiplos estratos culturais, religiosos, simbólicos e até mesmo políticos — esta última perspectiva, através da análise da figura do tirano na Grécia antiga, revelou-se inesperadamente reveladora para mim! — que envolvem e enriquecem o mito.

Deste modo, o que se apresenta diante de nós não é meramente um livro, mas sim um portal que se abre para as múltiplas dimensões de conhecimento, sabedoria e consciência, convidando-nos a transpor os véus que ocultam os mistérios do universo simbólico de Perséfone.

Perséfone, a ilustre primeira Senhora em minha senda espiritual, ergue-se como uma entidade singularmente especial para mim. Como estudiosa interessada pelas complexidades do culto, rituais e mitos que tecem o véu de sua existência, encontrei nas linhas e entrelinhas deste livro a substância de uma pesquisa minuciosamente elaborada, abrangente e imersiva, um legado que poucos autores têm a habilidade de conjugar com um vínculo espiritual autêntico com a divindade retratada. Contudo, para além do manto de saciedade intelectual e satisfação acadêmica que me envolveu ao folhear as páginas deste texto, experimentei uma prova da aura sagrada e sacerdotal da autora, que se ergue como uma ponte entre o terreno e o divino, proporcionando um compartilhamento de sua conexão com essa Deusa tão querida e respeitada por nós.

A cada página deste livro encontro um testemunho vívido da paixão avassaladora e dedicação incansável da autora à veneranda Perséfone, que reflete a minha. Esta sublime divindade, que desafia as amarras do tempo e do espaço, emerge não apenas como um objeto de estudo ou adoração, mas como uma companheira de jornada, uma irmã de alma, cuja presença resplandecente ecoa nos recessos mais íntimos das almas sedentas por sabedoria e orientação. Tanto a autora quanto a deusa entrelaçam-se em uma dança cósmica que ressoa nos corações e mentes de todos aqueles que buscam penetrar os véus do mistério e da verdade.

Desejo, por fim, que esta obra transcenda as páginas e se torne um farol de insight e inspiração, um catalisador de transformações profundas para os aventureiros que se lançarem na sua leitura.

Que Perséfone, com sua dualidade de donzela e rainha do submundo, seja nossa guia inabalável enquanto desvendamos os enigmas de sua história e os recantos mais recônditos de nossa própria alma.

Que cada palavra e cada ensinamento contidos nestas folhas reverberem como ecos ancestrais, ressoando em nossos seres e inspirando-nos a abraçar a jornada da autodescoberta e da conexão com o divino de forma profunda e significativa, assim como nos inspire a desenvolver pesquisas profundas, sérias e cheias de consequências para a história das culturas, das deusas e das mulheres.

Boa leitura!

O CAMINHO DE PERSÉFONE

Este livro foi escrito no puerpério — e por mais que eu repetisse que, naquela fase, estava viva, a carta do dez de espadas continuava a cair todos os dias na tiragem do tarô, como um anúncio da transição dolorosa que eu enfrentava. Assombrava-me a visão da minha placenta no lixo, lembro-me dele cheio de sangue. Meu sangue. A cada noite de sono puérpera, eu achava um cadáver escondido: na parede decorada com arabescos, no taco de madeira e até no teto que caiu sobre minha cabeça, para no final descobrir que eu era quem tinha enterrado tudo aquilo ali.

Isso é Perséfone; e bem mais, coisas de muitos séculos antes. Vou te conduzir ao caminho da deusa e te levar aos lugares pelos quais passei por meio da escrita e leitura — vagando com escribas, poetas, sacerdotisas e devotas de um passado escondido nas areias do tempo. Vou contar como é que, ano após ano, faço sacrifícios e reanimo cadáveres. Tudo num lindo jardim, acima de qualquer suspeita. Talvez você até pegue o gosto por fazer essas coisas também.

Este livro é minha placenta.
Finalmente meu trabalho de ressurreição.

INTRODUÇÃO

A FOICE AGORA
ESTÁ EM SUAS MÃOS

O rapto de Perséfone é uma das histórias mais populares da mitologia grega. A cada ano, publicam-se novos romances eróticos baseados na polêmica narrativa em que ela foi carregada à força para o submundo pelo tio e senhor dos mortos, Hades. Há ainda releituras do mito em uma abordagem moderna, frases de ativação, estilos de ser e se vestir inspirados na deusa ora retratada como donzela primaveril, ora como rainha do submundo; nas redes sociais, não é difícil se deparar com vídeos cômicos nos quais Perséfone é representada sob um aspecto juvenil que varia drasticamente de santa à mortal.

A imagem de Perséfone como regente de um reino não se concentra em sua atuação enquanto soberana, mas sim no motivo que a levou ao reino de Hades. Na psicologia analítica, ainda é comum encontrá-la ligada a adjetivos como "vulnerável", "passiva", "disforme", o que tornou a deusa uma representação do feminino complacente e submisso. Sua imagem foi cristalizada como aquela que vive para satisfazer os caprichos da mãe e do marido, sendo vista também como regente das filhas que, mesmo adultas, continuam a exibir um rosto de menina.

O fetiche em eternizar a face donzela de Perséfone diz mais sobre como o patriarcado usa sua imagem enquanto representação suprema desse arquétipo do que sobre o real potencial de amadurecimento que a deusa carrega.

Para muitas pessoas, Perséfone permaneceu trancada em uma redoma, condicionada a ficar estagnada eternamente no aspecto da inocência. Ela precisa ser juvenil — não importa quantas vezes tenha descido ao submundo em mais de quatro mil anos —, pois mudar isso significaria destruir o estereótipo milenar do feminino gracioso, romântico, fértil e virginal.

Desde muito cedo, a donzela nos foi apresentada como um padrão de perfeição, beleza e feminilidade, sustentado pela bilionária indústria da pornografia que sexualiza a juventude. O mundo regido pela força do patriarcado financia a beleza e o ideal da juventude feminina como o auge da aceitação afetiva e sexual.

É dessa maneira que, mesmo com o passar dos anos, o cárcere da donzela continua: impedida de iniciar sua revolução dentro de nós. Podemos viver muitos anos barrando fases do processo cíclico da vida por medo da substituição, da traição e do sentimento de não merecer afeto para além da fase donzela. Escondido secretamente nas catacumbas da nossa psique, há o medo da morte e das transições para diferentes fases da vida; há o horror de lidar com o luto de quem acreditávamos ser.

Somos ensinadas a fugir da morte simbólica e nos manter em retidão, inibindo a jornada de autoconhecimento por medo do pecado e punição divina. A pureza é exaltada como a maior virtude da donzela; e o submundo, demonizado e relegado a um lugar de assombro e negação. A culpa da depressão, do suicídio e da ansiedade é do diabo, da própria escuridão por ser tão maléfica, e não de uma educação que nos priva de conhecer em pequenas doses a dimensão da nossa sombra, para que não venhamos a sofrer tanto quando o chão é aberto diante de nós e a morte anuncia o derradeiro fim.

É curioso que o nome Perséfone possivelmente provenha do grego φερειν φόνον (*pherein phonon*): "trazer" ou "causar a morte". Há também a hipótese de seu nome emanar de πέρθω (*ertho*), "destruir", e de φονή (*phone*), "assassinato". Popularmente, o termo passou a significar "aquela que traz a morte". Sua origem é misteriosa, assim como o significado exato (já que os gregos com frequência mudavam a pronúncia trocando as letras por temerem atiçar o ânimo da deusa, uma vez que seu nome carregaria a ideia da destruição precedente ao renascimento). Por isso, era comum que a chamassem carinhosamente de "senhora" ou "moça".

Como devota e sacerdotisa de uma deusa tão profunda, a superficialidade com que Perséfone é representada me gera indignação. Ela possui muitas facetas (aspectos ligados à autonomia e transições), mas de alguma forma estes domínios perderam espaço para representações de sua natureza como uma eterna menina às vezes raivosa.

Acredito que isso seja uma estratégia para controlar o poder de transformação que ela reserva, para aqueles que decidem desvendar o próprio submundo através de sua magia cíclica. Infelizmente, os elementos contidos em seu mito não são investigados a fundo e, antes de serem reconhecidos em sua ancestralidade, são interpretados de formas modernas e superficiais — dessa maneira, uma deusa poderosa e temida nos tempos antigos é hoje reduzida a uma Lolita. Um produto vendido numa cultura hegemônica que repudia pagãos, mas que se beneficia de seus antigos deuses para dar um aspecto transcendental aos negócios.

Quando comecei a escrever este livro, minha intenção era mostrar os mistérios essenciais e profundos de Perséfone, atravessados em sua soberania, botânica oculta e agricultura da alma. Queria que todos aqueles atraídos pela deusa pudessem vê-la como uma guia na caminhada da vida, capaz de nos ensinar a transicionar e a nos conectar com a ciclicidade perdida para que não fiquemos parados no mito da ingenuidade, inocência e inexperiência representado na figura de *kore* (donzela, em grego). Invisibilizar o aspecto soberano de Perséfone, conquistado através da maturação, é uma forma de manter viva a ideia da representação divina da docilidade e vulnerabilidade diante das escolhas do patriarcado.

Nem mesmo a mãe é deixada de lado nessa deturpação, já que hoje Deméter é a narcisista que vaga pelo deserto em busca da filha que sempre controlou — mesmo que não haja registros evidenciando que a proteção concedida pela mãe a Perséfone fosse abusiva ou desenfreada. Do contrário, veremos como, ao longo da história, Deméter e Perséfone atuaram juntas, como forças da natureza e cúmplices, para resistir às mudanças brutais geradas pelo domínio masculino nos territórios grego e italiano. Espero conseguir transmitir o quanto essa divina mãe concedeu segurança e território suficientes para que Perséfone pudesse se desenvolver como soberana, rainha e deusa da transformação em todos os lugares onde atuou enquanto musa inspiradora de seus devotos.

Perséfone renasceu muitas vezes para chegar até nós e, na atualidade, tem sido a musa espiritual daqueles que decidem trilhar o caminho da bruxaria — onde podemos viver a liberdade e autonomia para dançar entre luzes e sombras, romper com dogmas atrasados que nos aprisionam e comungar com forças ancestrais do paganismo.

Quando revisito meu passado, percebo que Perséfone sempre esteve presente na minha vida. Fui considerada uma criança estranha e conectada com o mundo dos mortos, absorta na magia das quatro estações. Passei a infância entre as flores do jardim das minhas matriarcas, mulheres do dedo verde, habilidosas com o plantio. Era no jardim que me refugiava conversando com espíritos, enterrando os passarinhos que caíam das árvores e observando o mundo curioso das plantas enquanto as quatro estações traziam tonalidades diferentes a cada ciclo. Me chateava deixar de lado os potes de alquimias e poções da bruxa má para ir à igreja, vestindo tamancos barulhentos e saias de bolinha cor-de-rosa para ouvir os dogmas que minha criança herética sempre questionava. Pelo menos três vezes por semana, subia as ladeiras da periferia com a mãe e a anciã para ir de encontro a Deus. Por diversas vezes, sem explicação, chorei ao sentir um perfume de rosas passando por mim entre os bancos da igreja; vó Maria dizia que era a morte se aproximando. Isso me fez pensar por que a morte teria cheiro de rosas vermelhas. Passei a investigar e buscar entender mais sobre a morte e a sua ligação com aromas. Eu queria entender minha mediunidade, porém a igreja que frequentava via conexão com espíritos como uma perturbação de Satanás.

Quando a juventude chegou, sem perceber, me tornei uma referência na família e na rua de alguém que lidava com a morte com mais facilidade do que os outros. Aos 12 anos, já era a encarregada de informar o falecimento de parentes e amigos, fazer expulsão de espíritos da casa das pessoas, entoar preces em velórios e usar outras habilidades para acalentar pessoas enlutadas. Essa responsabilidade, somada ao racismo vivido no dia a dia, à repressão sexual e à falta de orientação espiritual, trouxeram problemas de ansiedade, crises de terror noturno e um sentimento de completo deslocamento social.

Meu refúgio foi a escrita, além do teatro, da mitologia, do cinema obscuro e da costura. Encontrei um lugar de conforto na linha e agulha, indo estudar indumentária. Foi quando meu rapto aconteceu. Conheci meu companheiro, alguém que nunca havia frequentado uma igreja, imerso em conhecimentos do ocultismo e do mundo dos espíritos. Tão estranho e deslocado quanto eu, me vi tendo um amigo e confidente que finalmente entendia tudo o que passava.

As estruturas da minha fé cristã cederam e, com essa queda, os demônios internos vieram à tona, me fazendo temer a morte por desobediência ao Deus cristão. A familiar pregação que ameaçava me tirar desse mundo caso saísse da casa Dele ecoava dentro de mim. Essa transição me desnudou, e com isso percebi o esquartejamento da minha identidade com muita força; doía não ter percebido antes o quanto eu havia sido violada, o quanto passei tanto tempo obedecendo e seguindo regras que me podaram.

A criança das flores e estações havia se perdido, se desconectado da sua ciclicidade. Meu corpo sentiu. Menstruar era uma tortura e sempre que a lua vinha me contorcia de dor, sem conseguir levantar da cama ou comer qualquer coisa, nada parava no meu estômago nesses dias. Descobrir que poderia ser amada acolhendo minha sombra, tendo espaço para me transformar independentemente da versão que viesse, me fez crer que tinha forças para me refazer, por mais que essa costura fosse dolorosa.

Embora tivesse um grande amor por mitologia e um fascínio pelas divindades, nunca tinha comungado com elas de maneira espiritualmente consciente. Afrodite foi a primeira a se aproximar, me conduzindo como psique ao difícil trabalho de reestabelecimento da minha autoestima. Para merecer o amor, eu precisaria trabalhar duro. Em dado momento, onde já conseguia sentir Eros, as coisas tornaram-se mais sombrias e a força selvagem e feiticeira de Hékate surgiu com archote nas mãos para me conduzir na encruzilhada; parecia haver uma força-tarefa divina focada em me levar a algum lugar. Segui por esse caminho escuro com a deusa tendo a sensação de que ela era a condutora, mas não o destino final.

Cheguei na reta final em uma tarde em que estava deitada na cama, muito fraca. A cólica me fez entrar em uma gnose espontânea em que pude ver meu corpo contorcido tornando-se uma serpente ourobórica. Entrei de cabeça em meu próprio útero e ali me vi em uma caverna escura, com paredes semelhantes a uma placenta. O local era habitado por uma força invisível que marcou meu corpo com sangue e sigilos. Nua, sentia a confiança e a certeza de que uma iniciação estava acontecendo. Quando os desenhos terminaram e me senti preparada para voltar, a atmosfera mudou e uma voz ecoante e sombria pronunciou: PERSÉFONE. Meu corpo inteiro tremeu em espasmos e despertei. Minha vida nunca mais foi a mesma, as dores foram embora e, a partir daquele dia, soube que a minha jornada mágica com Perséfone havia começado.

Perséfone foi minha chance de romper com a donzela vulnerável e me abrir para o movimento cíclico e mutável da minha própria existência, mostrando que o verdadeiro feitiço começa de dentro para fora. Nessa transição, a bruxaria surgiu como uma possibilidade para quebrar a redoma e construir meu próprio caminho de comunhão com a deusa, honrando a memória de todas as curandeiras, alquimistas e ancestrais assassinadas pela misoginia. Hoje percebo que essa devoção transformou a minha realidade.

Regendo grupos de estudos e de conexão à deusa, pude vê-la sendo luz na escuridão de muitos, assim como foi para mim: uma deusa da transformação alquímica na vida de almas enlutadas, perdidas de si mesmas, feridas e distantes da própria ciclicidade.

Este livro é o resultado dessa jornada de devoção e sacerdócio à deusa somada a minha paixão por saberes antigos. Ao longo dos anos de devoção, passei incontáveis horas mergulhada em artigos e pesquisas sobre a Grécia Antiga; e, por vezes, entre longas leituras, encontrei Perséfone, o que me fez perceber que a deusa era citada com frequência em obras clássicas e especulações históricas. Era como se ela fosse muito popular, mas não tivesse protagonismo. Esse interesse no passado me levou à arqueologia e, quando me dei conta, havia fundamentado todo o meu caminho de conexão espiritual como bruxa a partir de vestígios da ancestralidade helênica. Desde um gesto mágico a uma flor, todos os elementos ao redor da minha conexão com a deusa eram símbolos antigos cuja ligação foi confirmada pelas informações que há séculos têm sido desenterradas por especialistas de diferentes áreas.

Passei, então, a reunir meu interesse no passado com meu ofício de contadora de histórias para escrever esta obra, cuja intenção é construir uma ideia mais completa da identidade ancestral da deusa, buscando facilitar a compreensão sobre quem é Perséfone e como cultuá-la na contemporaneidade.

O que escrevo não é parte de uma rebuscada e culta literatura, mas do que espero que seja uma contação coloquial e íntima. O que compartilho neste livro é o caminho percorrido por mim mesma ao longo de estudos e conexão com Perséfone enquanto uma força espiritual e divina, capaz de nos ensinar a retomar nosso poder através dos ciclos de morte e renascimento. Minha intenção é que seu poder seja popularizado tanto quanto sua imagem é usada como *aesthetic*, e acredito que essa popularização saudável que visa o desenvolvimento pessoal e social só é possível quando democratizamos o conhecimento, gerando discussões e poderosas revoluções dentro dos nossos espaços sociais.

O caminho é dividido em seis partes, número sagrado no culto à deusa. Na crença folclórica, diz-se que foram seis as sementes de romã que Perséfone comeu no submundo, representando as sombras (outono/inverno) e a luz (primavera/verão), as duas metades de um ano.

Veja cada parte desse percurso como uma jornada de conexão com os mistérios atravessados por Perséfone em sua história ancestral, desenvolvida de maneira muito fértil na Grécia Antiga e na Itália. Para entendermos quem é Perséfone, precisamos compreender em que contexto estava inserida; sem esse casamento entre cultura ancestral e divino, é quase impossível alcançar a epifania necessária.

Por isso, vamos começar essa aventura em tempos matriarcais. Estamos acostumados à imagem das divindades gregas sempre ligadas aos períodos clássico e helenístico, mas muito aconteceu antes de os mitos que conhecemos serem gerados. Vamos descobrir, por exemplo, como a agricultura e outros domínios hoje atribuídos a Perséfone e Deméter eram vivenciados numa realidade predominantemente feminina.

Você notará que ela não era simplesmente uma coadjuvante dos cultos a Deméter, mas uma musa central, próxima, latente e diretamente envolvida nos conflitos e belezas da mortalidade humana. Perséfone tem uma arrepiante história de crescimento e superação ao longo de séculos, e sua jornada de desenvolvimento é um exemplo de como podemos maturar também. Através do seu rastro ancestral, podemos vislumbrar ensinamentos para transpor as crises e sairmos mais fortes a cada desafio, assim como ela fez.

Ao fim de cada parte, você encontrará fendas que levarão até a propriedade da rainha. Lá, encontrará plantas, objetos, magias e alguns segredos ligados aos elementos de poder deixados pela deusa para nossa jornada de conexão espiritual. Assim, entre as especulações ancestrais, você também descobrirá como ela atua no presente da bruxaria — para que possa trabalhar com o poder da deusa de forma autônoma, profunda e sensorial.

Perséfone é uma força perene, e é dessa forma que seus mistérios resistem e continuam a atrair almas destinadas a reinar, independentemente do tempo. Ao cruzar caminho com essa deusa, você sentirá sua imponência e verá que seu domínio impera em nos fazer lembrar da nossa força selvagem, de tempos em que os antigos celebravam a abundância da natureza e viam a morte como parte natural do processo que é viver. Perséfone é uma deusa orgânica que oferece como única certeza a inconstância da natureza, que muda e se transforma a cada estação. Ela é provocativa, fugindo de qualquer estereótipo atribuído a sua majestade; sua fertilidade e abundância não se forçam para caber em estéticas específicas ou fetiches modernos. Ela é sensual, e a sensualidade não é óbvia, mas subjetiva e sem a necessidade de performances, como um misterioso perfume de flores no ar. Você conhecerá mais sobre Perséfone nesse percurso e na convivência com seu lado profano, oculto, não domesticado. Seus saberes estão conectados a riquezas que só podem ser encontradas na escuridão do submundo de cada um.

PARTE 1

PERSÉFONE EM TEMPOS MATRIARCAIS

Em 2000 Antes da Era Comum (AEC), o cheiro de especiarias se espalhava por entre as encostas da ilha de Creta. Elas chegavam em grandes caixotes, junto de uma rica variedade de objetos adquiridos por meio das trocas comerciais com o Egito, a Arábia e outras regiões do Oriente Médio. As ondas do mar Egeu batiam contra as embarcações imponentes enquanto os viajantes descarregavam as mercadorias, trazendo para a ilha a essência de civilizações distantes. Os navios adornados com pinturas de seres marinhos exibiam sinais da personalidade de um povo que expressava, em cada detalhe da sua existência, a fusão sagrada entre a humanidade e a natureza.

Embora a ilha de Creta tenha sido colonizada no período neolítico (aproximadamente 9000 AEC), ela só alcançou o ápice por volta de 3400 AEC, quando os cretenses passaram a dominar a arte do bronze e a desenvolver uma manufatura que garantiria melhores trocas comerciais através das viagens marítimas. A importância da pesca e da navegação era expressa nos afrescos pintados em tons de azul vibrante, ornamentados com golfinhos e peixes saltitantes mergulhando nas paredes do grandioso palácio de Cnossos, que funcionava como um epicentro administrativo. A alegria marcava presença nas joias e vestimentas femininas, compostas de diferentes recortes coloridos, feitos com tecidos artesanais para ressaltar a beleza das mulheres e sacerdotisas, que caminhavam livremente exibindo seus seios em meio à fumaça do incenso de mirra.

O espírito acalorado do Oriente, mesclado ao clima mediterrâneo, tornava Creta uma ilha exuberante em beleza, elegância e diversidade cultural. Por cerca de 2000 anos, conviveu-se sem guerras ou conflitos, o que não significava que seu povo não fosse envolvido com a combatividade e habilidades de defesa, pois os habitantes faziam da luta um esporte, montavam em touros viris, realizando acrobacias, e portavam adagas como uma manifestação de poder. Existiam torres de observação marítima, e muralhas foram construídas ao longo do tempo como forma de intimidar, mas os cretenses eram mais interessados em representar através da arte as belezas naturais da ilha, já que reverenciavam cada aspecto da vegetação, tão importante quanto o mar.

A extrema paixão pela vida sem dúvida era fruto de uma civilização em que o ser humano se prostrava diante do espetáculo da natureza, percebendo-se como parte da criação originada do poder feminino — reverenciado como manifestação divina.

O historiador Walter Burkert[1] afirma que as diversas estatuetas cretenses atualmente conhecidas como "Potnia" ou "Senhora" estavam espalhadas por toda a ilha de Creta, o que nos confirma a presença de um culto matriarcal. Enquanto estatuetas de uma deusa foram encontradas com lanças e machados duplos, tendo associação direta com a caça e a vida selvagem, outras foram achadas entre os restos de grandes piras sacrificiais. Uma delas exibia olhos penetrantes, serpentes nas mãos e, no topo da cabeça, um felino, estando ligada à proteção do lar. Embora "Potnia" seja um nome popularizado para referenciar a "grande mãe cretense" (como se todas as estatuetas representassem apenas uma divindade), as Potnias foram encontradas em diferentes locais, servindo a formas de culto plurais, algumas muito distantes umas das outras, o que indica que Creta honrava diversas deusas.

É nesse passado misterioso e pouco explorado, muito anterior ao polêmico rapto, que Perséfone deixou seu primeiro rastro. Seria possível seguir por muitos caminhos que levariam a diferentes especulações, mas certo é que a trilha agrária e floral, sem dúvida, nos conduz à reminiscência da deusa. Seguimos ao Sul do monte Ida, a montanha mais alta de Creta, região que esconde um obscuro santuário natural conhecido como caverna de Kamares; ali, um poderoso rito sacrificial acontecia para garantir um ciclo constante de colheita. Grandes vasos pretos, com pinturas de lírios e flores de açafrão, foram encontrados repletos de grãos e cereais, junto a ossos de animais espalhados por entre as pedras.

Neste local, os cretenses honravam uma força sombria que alimentava a expectativa da fertilidade cíclica. Ao fim do verão, a colheita era oferecida no ventre rochoso, a fim de que os habitantes recebessem a bênção divina para encarar o inverno que em breve chegaria. Os grãos sagrados ficavam encerrados na caverna, obstruída com a chegada das geadas invernais. Sem dúvida, uma considerável quantidade de sementes do açafrão foi ali ofertada, já que a flor era adorada por seu valor comercial, cultural e, como veremos, religioso. A caverna de Kamares era um local de culto sagrado para habitantes da região e ficava próxima do palácio de Festos, onde o arqueólogo Doro Levi encontrou na área de preservação de grãos o conjunto de artefatos entendidos como a representação mais antiga de Perséfone[2].

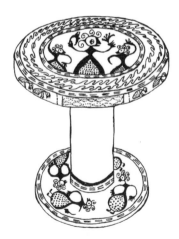

Figura 1 Representação ilustrativa da mesa ritualísticas encontrada no palácio de Festos, junto à tigela.

Figura 2 Mesa de oferendas do santuário interno do palácio de Festos, usada para receber a tigela ritualística. O conjunto retrata o reencontro entre mãe e filha (Deméter e Perséfone) na primavera.

Essa tigela ritualística, provavelmente usada para receber grãos e frutas, não só é vista por historiadores como a representação mais antiga de Perséfone, mas também é um objeto que, quando se reúne à mesa, forma uma complexidade narrativa que evoca os primeiros vestígios da sua ascensão do submundo.

A motivação da sua descida poderia estar ao leste do palácio, onde ficava a maior área fértil de Creta, uma representação a céu aberto do poder da deusa que ostentava uma fantástica variedade de frutos, grãos e flores, sobretudo o açafrão selvagem — uma flor branca e arroxeada, que guarda em seu interior uma preciosa especiaria: três sensíveis fios vermelhos, capazes colorir as vestes de um amarelo-dourado, dar sabor intenso à comida e perfumar o ambiente com seu aroma inconfundível.

Ao fim do outono, os campos de açafrão surgiam completamente floridos. A veneração era tamanha que todos os camponeses levantavam antes da luz do dia para iniciar a colheita trabalhosa, pois era necessária muita delicadeza para retirar todas as flores do campo, que só ficaria florido por duas ou três semanas. Os estigmas (como são chamados os fios avermelhados) precisavam ficar intactos. Por isso, realizar a colheita de madrugada garantia que todos eles estivessem dentro das flores, ainda fechadas. Após a colheita, as flores eram espalhadas em uma vasta extensão, formando um cobertor roxo perfumado. Em seguida, os estigmas começavam a ser retirados manualmente, um a um, e depositados em cestas.

O açafrão era uma especiaria luxuosa de alto valor comercial, e representava o que de mais precioso a deusa da vegetação tinha concedido àquele povo. Nele, estava concentrada a principal fonte da riqueza e da prosperidade cretenses, e por isso a flor de açafrão selvagem era parte central dos cultos religiosos agrários — em que as mulheres pintavam os lábios, orelhas e cabelos com uma tinta vermelha proveniente dos estigmas, representação das cicatrizes de uma deusa diretamente ligada à cena arqueológica do açafrão. Os afrescos nos revelam que, tendo ferido os pés, ela sentou-se entristecida em uma pedra em meio a um campo de açafrão, de forma que seu sangue escorreu pela terra, tingindo de um vermelho intenso os fios internos das flores. Estaria a deusa-açafrão (futuramente reconhecida como Deméter) vagando descalça em busca da jovem filha?

Figura 3 Afresco no palácio de Cnossos, na ilha de Creta (1650 AEC). Sentada em uma pedra, a deusa está triste e com o pé ferido, e seu sangue corre para a flor de açafrão, tingindo o estigma de vermelho.

Se existe uma razão para que a deusa da vegetação caminhasse a ponto de se ferir e, cabisbaixa, tenha sentado no campo de açafrão com os pés sangrando — dando origem à rica especiaria —, talvez o motivo da tristeza esteja escondido no subsolo.

Ao longo do cultivo da flor, os cretenses se debruçaram na terra para esmiuçar seu moroso processo de desenvolvimento e descobriram que, embora o açafrão gerasse sementes férteis, seu florescer era lento e só acontecia após três anos. O segredo para que a colheita fosse anualmente cíclica estava em um poderoso caule subterrâneo: o cormo. A casca era extremamente fina com um interior denso, capaz de suportar as adversidades da natureza enquanto se reproduzia abaixo da terra e distante dos olhares.

Segundo o botânico e acadêmico de biologia molecular Lincoln Taiz, e o biólogo especialista em microscopia Lee Taiz, a representação da tigela mostrada acima tornaria Perséfone uma deusa-açafrão cretense:

> Em vez de ser semelhante a uma fruta, contendo numerosas sementes pequenas, ela é pintada de uma cor sólida por dentro. Portanto, é possível que ela represente uma estrutura botânica totalmente diferente das figuras dançantes. Em nossa opinião, a figura central triangular pode ser interpretada como símbolo de um cormo de açafrão. [...] Assim como as sementes funcionam como as unidades reprodutivas dos frutos, as saliências externas na figura semelhante a um cormo podem representar cormels, que estão envolvidos na propagação domesticada de cormos do açafrão. Dividir cormos em cormels, uma prática que pode ter sido inventada em Creta, teria sido familiar para os minoicos, mas provavelmente não para os arqueólogos e historiadores que os estudaram.[3]

Sabendo da admiração dos cretenses pela flor, ambos traçam paralelos entre o ciclo de desenvolvimento do açafrão e o mito do rapto de Perséfone, trazendo uma natureza orgânica à narrativa. Isso nos leva a considerar que Hades, em tempos minoicos, seria uma raiz de açafrão:

> Os cormels produzem apenas raízes contráteis espessas. Essas raízes crescem para baixo durante o outono, inverno e primavera, ancorando-se no solo durante os meses secos de verão. Os cormels se contraem verticalmente e puxam o cormo para baixo através do solo até seu ponto ideal de profundidade de plantio. [...] Embora os fazendeiros minoicos possam ter plantado seus rebentos

de açafrão na profundidade apropriada do solo, não deve ter escapado à sua percepção que os rebentos plantados na superfície durante a primavera foram lentamente arrastados para o subsolo no verão. O desaparecimento gradual de cormos de açafrão abaixo da superfície pode ter inspirado um mito baseado em uma jovem "donzela cormel" que é arrastada para o subsolo pelo senhor do submundo. Também é possível que, uma vez que o cormo realmente se esconde no subsolo, pode não ter ocorrido a coerção, como sugerido por Eleanor Gadon. De qualquer forma, depois de passar vários anos no submundo, a donzela cormel, agora transformada em "mãe cormo", retorna à superfície com suas filhas cormel, permitindo que o ciclo continue. O retorno do rebento na primavera teria fornecido uma razão óbvia para um festival agrícola minoico que celebrava a fecundidade do rebento e a fertilidade do solo.[4]

A ideia do retorno da deusa que desce a regiões subterrâneas não era uma crença presente apenas no ambiente agrícola. Os vestígios da donzela emergindo do subsolo estavam espalhados em diversas regiões da ilha, fortalecendo a ideia de que essa narrativa era popularmente conhecida. Dois casos chamam a atenção: a misteriosa câmara primaveril e o anel de Isopata.

Em 1600 a 1500 AEC, ao sul do palácio de Cnossos, uma sofisticada estalagem abria suas portas para receber mercadores e viajantes que iam para Creta a fim de realizar negociações comerciais. Em sua expedição, o arqueólogo Arthur Evans[5] descreve a descoberta como um edifício caravançarai que dispunha de um serviço de hospedagem que evocava o poder e a luxúria cretenses: dois andares e um jardim central exuberante, espaços para banquetes com as mais variadas frutas e um sistema hidráulico avançado, que permitia a distribuição de diversas bacias de água lustral em todo o edifício. Havia água fria para os hóspedes lavarem os pés cansados da viagem, e até mesmo água quente para um escalda-pés relaxante.

No corredor dos lavabos, havia banheiras para os hóspedes mergulharem o corpo fatigado enquanto admiravam as pinturas coloridas de peixes e pássaros selvagens nas paredes. Seguindo o caminho das águas e próximo à área das banheiras, um anexo subterrâneo era iluminado por cinco candeeiros de pedra. Na entrada, viam-se várias tigelas rasas com grãos e azeitonas como oferenda e duas esculturas coloridas de pássaros pernudos, cada um deles carregando uma minhoca no bico. No centro da câmara subterrânea, ficava uma bacia com três degraus que desciam abaixo do nível do chão. Ali, a 45 centímetros abaixo da terra, uma nascente borbulhava a água límpida que brotava do subsolo, área perfeita para que se mergulhassem os pés a fim de garantir purificação ou outras bênçãos.

Dos tantos enigmas de Creta, a câmara primaveril era sem dúvida um dos centros de concentração de poder da deusa em um aspecto obscuro e fértil, já que funcionava como ponto de coleta de água subterrânea. Em algum momento do período tardio minoico, uma inundação terrível estancou a nascente. Contudo, o uso do espaço estava longe de terminar, pois a câmara passou a ser vista como santuário. Evans cita que, no nicho central da parede iluminada por candelabros de esteatite, havia uma cabana com portinhola: ao abri-la, era possível ver uma deusa emergindo das profundezas — braços levantados, corpo nu submerso da cintura para baixo, cabelos lisos, lábios e mamilos escuros e opacos e sigilos na palma das mãos. Tal descoberta prova que a narrativa da deusa que ressurgia das regiões subterrâneas continuava presente; e, séculos mais tarde, o culto da câmara primaveril permaneceria vivo no Santuário de Deméter, em Naxos.[6]

Figura 4 Representação artística em um anel de ouro, onde são vistas figuras femininas dançando entre a vegetação em flor (1500-1400 AEC).

Encontrada na tumba de Isopata em Cnossos, a três quilômetros ao norte do palácio, uma joia detalhada descreve uma cena religiosa em torno do culto à deusa da vegetação. Em um dia de primavera, duas belas sacerdotisas se deslumbram diante da deusa, levantando as mãos em louvor àquela que, em meio à abundância de flores, ressurge esbanjando fertilidade. Ela é, sem dúvida, um mistério arrebatador da natureza, uma promessa de florescimento e nutrição.

Diferentemente das sacerdotisas, a figura feminina do lado direito abre os braços para receber a deusa. De sua cabeça, parece germinar uma planta, enquanto ela carrega na mão uma flor como gesto de boas-vindas — seria essa figura a mãe doadora das sementes? O maravilhamento diante da revelação divina movimenta a cena. Nesse instante, todos naquela localidade já deveriam estar a par do retorno da deusa, pois vemos, no fundo, uma moça correr de braços abertos.

Esse ritual é uma celebração da primavera. A arqueóloga Marija Gimbutas analisou que as figuras femininas poderiam ser abelhas, animais sagrados em Creta[7] que representavam o culto à deusa da vegetação: na primavera, voavam entre os campos, cumprindo o papel de polinizar as flores. Na hora da morte, surgiam em enxame ao redor da cabeça de touros lambuzados de mel e flores, que eram sacrificados em nome da deusa. As abelhas eram a própria representação do poder divino, que anunciava a esperança de tempos férteis, mesmo em meio à putrefação e visceralidade do sacrifício.

Embaixadoras do culto de morte e renascimento cretense, elas marcaram presença em cada detalhe das cerimônias funerárias. Um exemplo é o próprio túmulo onde a joia foi encontrada: uma construção de natureza muito peculiar. Quando a noite caía, em procissão fúnebre, os moradores de Cnossos seguiam para a misteriosa tumba estilo *tholos*. Vista da superfície, a tumba parecia um monumento arredondado de pedra por onde a maioria das pessoas assistia à cerimônia, enquanto as sacerdotisas e familiares do falecido desciam por uma passagem comprida chamada *dromos*. Esta os conduzia alguns metros abaixo da terra, onde se escondia uma construção em forma de colmeia. Ali, mais uma alma seria recebida no mundo subterrâneo, entregue aos cuidados da força divina regente da vida e da morte. O corpo do falecido era velado junto a pertences pessoais: joias e outros itens usados em vida. Após o ritual de passagem, o monumento era fechado com blocos de pedra e, na área em torno do *tholos*, iniciava-se a celebração; debaixo do manto estrelado do céu, todos se mexiam imitando o movimento das abelhas e invocando o êxtase da dança, o que tornava a funesta ocasião um elo entre o fim e o renascimento. Festejar os mortos em torno da tumba-colmeia simbolizava a certeza de que a morte não era uma partida definitiva, mas um ciclo de movimento constante. Quando a primavera chegasse, o retorno da deusa seria celebrado entre o perfume das flores de açafrão e os festivais de colheita.

Figura 5 Representação de um *tholos*.

O mito da descida da donzela ao mundo subterrâneo e de sua ascensão cíclica na primavera evidenciam que tal narrativa acontecia de uma forma mais natural e animista na cena religiosa da ilha de Creta antes da dominação patriarcal.

É com essa capacidade de transformação cíclica que Deméter e Perséfone passariam a ser cultuadas em todo o território grego e italiano ao longo dos séculos, resistindo a mudanças brutais impulsionadas pela fúria da natureza e da dominação masculina. Para aquelas que regiam a morte, o recomeço e a destruição precediam um novo ciclo de transformações profundas.

Esse poder regenerativo foi o que as tornou capazes de suportar adversidades terríveis, como a tragédia que ocorreu entre 1650 e 1450 AEC quando, das regiões subterrâneas da terra, um vulcão entrou em erupção, anunciando o começo do fim da civilização minoica. A terra tremeu. O céu ficou obscurecido, tomado por gases tóxicos, substituindo a fumaça do incenso de mirra e o perfume do açafrão. Ondas de doze metros destruíram centenas de embarcações e a inundação invadiu violentamente a região sul, onde ficava o palácio de Cnossos. Mas essa não seria a primeira vez que os cretenses enfrentavam a fúria da natureza, pois a região fica em um ponto de atividade sísmica frequente, o que costumava produzir tsunamis assombrosos.

O terror não os impediu de se reerguer diversas vezes. A cada terremoto, o palácio e os lares eram reconstruídos com uma fé coletiva no renascimento. Enquanto a força-tarefa para reestabelecer a vida os incentivava a empreender esforços a fim de devolver cor e alegria à ilha, a vulnerabilidade comercial fez com que, do outro lado do mar Egeu, os aqueus passassem a arquitetar um plano estratégico para estender sua influência política e comercial nas regiões cujo foco, antes, eram as negociações com a ilha de Creta.

Os dois povos mantinham uma política de boa vizinhança, mas a instabilidade causada pelo vulcão, e por outras tragédias naturais, abriu caminho para que atritos começassem a surgir entre ambos. Não aconteceram grandes guerras. Mas é certo que ataques menores haveriam de ser mortais para um povo que estava moralmente abalado e tentava se erguer dos escombros. Entre 1500 e 1375 AEC, o último palácio reconstruído de Cnossos foi dominado pelos aqueus, marcando o fim da Idade do Bronze e o começo da Idade do Ferro, um metal mais resistente que permitiu o avanço da artilharia. Creta passou a pertencer oficialmente ao povo conhecido como micênico. Isso anunciava o desenvolvimento de uma civilização mais bélica e militarizada.

A fusão Perséfone-Deméter — Período micênico

Na calada da noite, os archotes iluminavam a imponente porta dos leões que dava acesso à Micenas, um dos principais povoados da península do Peloponeso (Grécia continental). Uma grande muralha, feita para proteger a cidade de possíveis inimigos, evocava um espírito preocupado com guerras e conflitos. O leão rugia e demarcava seu território com carruagens de guerra, adornadas com criaturas híbridas cujas cabeças eram de falcões e felinos. Dentro do palácio, construído com blocos gigantescos de pedra, havia vasos exibindo figuras de guerreiros prontos para o combate e joias luxuosas embelezando mãos detentoras do poder que regiam um sistema político-econômico rígido, centralizado na figura do rei.

Para garantir a riqueza de Micenas, o rei cobrava impostos que deveriam ser pagos em grãos. Estes eram armazenados em *pithois*, jarros grandes de barro onde se guardavam a cevada e a moeda de troca mais importante: o trigo. O cereal dourado era vistoriado dia e noite, para que não houvesse qualquer tentativa de furto. O banco que guardava a economia rural era o celeiro. Ali estava o tesouro que seria um dos primeiros alvos em caso de ataques. O trigo passou a representar o principal alimento associado à deusa da fertilidade, que surgia em afrescos portando feixes dourados em seus braços. Ela era chamada de *Sitopotinija*, ou Senhora do Trigo.

O trigo, porém, não era a única planta popular. Havia a papoula, que parecia brotar com frequência em torno da deusa, adornando suas devotas e carimbando sua importância em selos comerciais e livros de contabilidade. Era uma flor adorada por seu efeito hipnótico e anestésico, um alívio para feridas do corpo e da alma.

A herança do cultivo da papoula, sem dúvida, foi disseminada pelos cretenses, que a produziam em abundância no período tardio. Embora a planta fosse amplamente consumida mascada, do seu fruto imaturo escorriam gotas leitosas que eram coletadas para produção do ópio, uma substância altamente narcótica que logo garantiu que a flor fosse difundida em todo o território grego.

A depender da dose, a droga causava euforia temporária, mas logo a mente era envolvida em uma letargia profunda. Não demorava muito para que o corpo fosse tomado por um estado de relaxamento e caísse em uma sonolência eficiente para aqueles que, aterrorizados pela possibilidade da guerra, não conseguiam dormir em paz.

A papoula e o ópio conquistaram espaço notório, aparecendo tanto nos festins noturnos como também integrando pratos e bebidas em celebrações fúnebres coletivas. A planta era um presente da deusa da vegetação para lidar com o peso de uma existência marcada pelo combate.

Figura 6 Reprodução do anel de ouro da acrópole de Micenas (1450 AEC). A deusa está sentada segurando flores sagradas, as papoulas brancas, enquanto duas mulheres lhe oferecem papoulas e lírios.

Com a morte vagando entre os campos de trigo e as grandes muralhas ciclópicas, a deusa passou a surgir em representações diretamente ligadas a cerimônias fúnebres. Tais representações começavam a desenhar a percepção do submundo grego, que seria descrito por Homero tempos depois.

Está no anel de Nestor uma das descobertas micênicas mais notórias sobre o papel da deusa da fertilidade associada ao equilíbrio do ciclo de morte e renascimento. O objeto foi encontrado em um tumba micênica em Tisbe, na Beócia, por Arthur Evans. A deusa cretense da vegetação continuava presente nos detalhes da espiritualidade micênica, que passava a ser diretamente associada ao submundo. No entanto, sua filha e donzela-açafrão (Perséfone), aparição central em tempos minoicos, parece ter pouco protagonismo, sendo cultuada através da imagem da mãe, que se incorpora em uma cultura cada vez mais patriarcal. A representação mãe-filha como uma única divindade era sutil entre os micênicos, mas não insignificante; certamente uma herança dos cretenses, já que, desde o período tardio da religião, a deusa passou a ser citada no plural — "Wa-na-so-i", ou "rainhas" —, de forma a identificar duas divindades honradas juntas. Para historiadores, essa definição dizia respeito a Deméter e Perséfone.[8]

Figura 7 "Duas deusas" micênicas interpretadas como Deméter e Perséfone com uma criança sagrada. A mãe apoia o braço nos ombros da filha enquanto o manto daquela desce, alcançando a cintura e a perna esquerda desta. Cena semelhante será reproduzida séculos mais tarde no templo de Perséfone, na Arcádia. 1500-1400 AEC.

A fusão entre mãe e filha parecia ser fruto de uma estratégia das deusas para a garantia da sobrevivência em meio a uma civilização em que o masculino passava a ser considerado a força divina suprema — tal visão logo transformaria completamente o rumo da Grécia Antiga.

Ambas apareciam na cena artística micênica, representando a ciclicidade, o sustento e nutrição primordiais para a sobrevivência de grandes exércitos. Era preciso ter controle sobre o ciclo de colheita. Não haveria a bênção do grão abundante ou o prazer da guerra vencida sem antes honrar aquela que detinha o poder divino de conceder a vida e tirá-la em outra estação. Cada vez mais, a deusa provedora da fertilidade também era associada à iminência da morte e miséria que amedrontava os micênicos.

É difícil reconstruir como esse povo lidava com a vida após a morte, já que suas representações se concentravam mais na cena fúnebre e nos cuidados com o corpo do falecido. Aparentemente, não havia muitas preocupações com o além-vida porque era comum a consciência de que os mortos assumiam uma nova forma na natureza. Ao menor sinal da presença arrebatadora da morte, a vida estava logo ali para anunciar um renascimento. O falecido seria lembrado no crepitar do fogo da lareira que aquecia as casas. Em torno dela, potes funerários eram depositados com sementes de papoula e feixes de trigo. Acreditava-se que, dentro deles, os mortos repousavam para renascer na primavera através do poder da mãe dos grãos e de sua misteriosa filha, representando vida e morte num ciclo de transformação.

Em Micenas, o rei era o soberano máximo. No entanto, havia um seleto grupo escolhido para gerenciar questões administrativas dentro do território, que foi dominado pelo exército real à custa de muito sangue derramado. Aqueles que detinham posições sociais de interesse político e comercial para o rei possuíam moradia e condição de vida privilegiadas — desde líderes do exército a oficiais religiosos e militares.

Os regentes e administradores ficavam responsáveis por cobrar impostos do povo, distribuir comida e fazer a contagem de bens dos assentamentos em torno do palácio. As constantes tensões comerciais e conflitos de interesse internos, com o tempo, passaram lentamente a enfraquecer o sistema e a organização centralizados na figura do rei. A crise administrativa acabou diluindo o poder, e pessoas pertencentes a camadas mais desprivilegiadas assumiram posições mais elevadas. Assim, o reinado ruía em sua descentralização, tornando a figura do monarca apenas um símbolo representativo em meio a um movimento que culminaria no caos e na desordem.

Por volta de 1200 AEC, os palácios micênicos começaram a desaparecer, assim como seus povoamentos. Os culpados? Os dórios, um povo bárbaro violento que marchou para a Grécia continental, destruindo a civilização micênica. É o que séculos adiante, numa elite da Grécia clássica, filósofos como Heródoto e Tucídides narraram. Ou, talvez, esse povo terrível já participasse daquela cultura, onde conviviam em meio à desigualdade social. Como afirma a doutora em estudos clássicos Carol Thomas, a partir de evidências arqueológicas e linguísticas:

> Por que, então, as fontes literárias — talvez remontando à memória popular dos dórios — acharam necessário ou desejável fabricar uma tradição de

entrada tardia no continente se os dórios estiveram presentes desde o final da Idade do Bronze? Se sua presença tivesse sido reconhecida, eles teriam compartilhado a glória da era heroica. Teriam eles, porém, compartilhado a glória? Os dórios não estavam entre os senhores e heróis daquela sociedade, mas ocupavam posições muito mais baixas. Em vez de participar como súditos do mundo dos heróis, seria preferível ser lembrado como destruidor daquele velho mundo e criador do novo.[9]

O surto estrutural e a descentralização de poder fizeram com que milhares de famílias migrassem para as ilhas estrangeiras do mar Egeu, enquanto parte dos povos que ainda residiam na península balcânica se dispersaram para diferentes regiões.

A dominação dórica anunciava um novo modelo de organização sociopatriarcal, que acabaria por influenciar nossas vidas até os dias atuais. E, assim, muitos agrupamentos passaram a vagar pelas terras montanhosas e florestas obscuras, em bandos denominados *génos*.

O elo desse grupo era o sangue proveniente do ancestral masculino mais antigo e poderoso de sua linhagem. Eles viviam como seminômades determinados a enfrentar as dificuldades geográficas para assim estabelecer um pasto seguro e fértil. O contato e a relação direta com a terra os tornaram confiantes para, enfim, assentar-se em regiões com melhor possibilidade de plantio. Ao encontrar esse espaço, ali firmavam sua força, consagrando o local ao seu antepassado masculino mais antigo: o *pater*, que era visto como um deus familiar ou deus do lar. Juravam cultuá-lo em troca da proteção exclusiva do seu *génos*. O bando assumia o compromisso de prestar as devidas oferendas para apaziguar o espírito do deus e manter a lareira da casa sempre acesa.

Dessa forma, o poder ancestral era concedido ao *pater*. Ele era o chefe e detentor do poder supremo sob todos os integrantes da família, os quais moravam juntos dividindo a comida, a bebida e as tramas que envolviam uns aos outros.

O *pater* exercia poder sobre as coisas espirituais e terrenas em torno do seu agrupamento. A ele, cabia garantir o sustento de todos os seus familiares, fossem eles homens, crianças ou mulheres — estas eram de total posse do chefe, destinadas a abandonar o *génos* de origem e o culto aos seus ancestrais para conviver com a família do esposo.

Todas as cerimônias ancestrais só poderiam ser presididas pelo *pater*, que servia de oráculo vivo e sacerdote da família. Quando ele partisse, passaria o poder ao filho mais velho, e assim sucessivamente.

Durante o estabelecimento dessa nova ordem, as raízes das deusas já haviam se fortalecido, e o germinar de seus mistérios havia sido difundido entre o povo grego. Este, que no reinado micênico, integrou elementos orientais de Creta, principalmente aspectos relacionados à vida selvagem, conexão com poderes da terra e da natureza, atribuindo às deusas nomes diferentes no Peloponeso.

Dentro dessa misteriosa e rica civilização, elas se entrelaçaram com narrativas de heróis e guerreiros. O divino matriarcal cretense se fundiu ao divino patriarcal micênico. Tal fusão começou a moldar a família de divindades olimpianas e ultrapassou os antigos tempos da Grécia pré-homérica — à qual chamamos hoje de creto-micênica —, iniciando uma nova era em que a separação das "duas deusas" será iminente. A mudança culminará no mito do rapto daquela a quem invocamos por Perséfone.

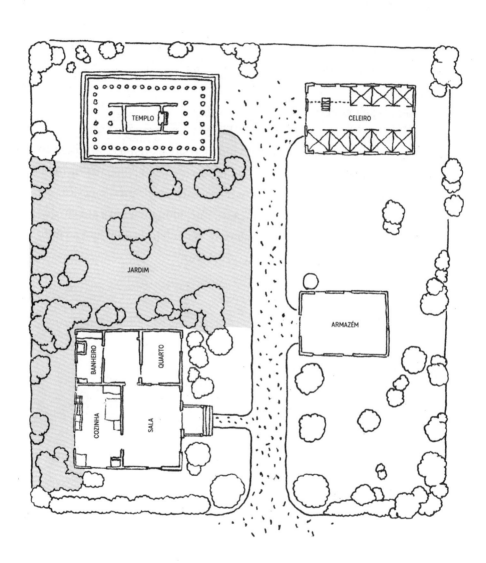

NA PROPRIEDADE DA RAINHA: ADENTRANDO NO JARDIM

*Venham. Sigam o rastro das trepadeiras que rastejam
na calçada em uma tarde sombria. Entrem pelo grande portão,
atravessem as sepulturas do cemitério onde a neblina exala
um perfume de papoulas. Lá ao fundo, logo depois da fonte,
ao lado das almas, jaz um funesto jardim.*

A melhor forma de adentrar na propriedade da rainha é espreitando seu jardim e se familiarizando com suas plantas. Na conexão com Perséfone, as plantas não são simplesmente "coisas" para serem usadas como se estivessem aqui só para nos servir: elas são entidades sagradas e possuem espírito — muito antigo, aliás. São dotadas de uma memória que já presenciou muitas coisas, antes mesmo de os primeiros seres humanos habitarem a Terra.

Dentre todas as partes que compõem esses seres extraordinários, temos as flores, que silenciosamente exalam perfumes e provocam nosso sensível e complexo sistema límbico. A profusão de variados aromas nos desperta os sentidos, controlando o comportamento e a reação diante de pessoas e situações. As flores são ardilosas: seduzem, provocam, aguçam desejos ocultos. Sempre presentes em espaços e cantos, elas influenciam as emoções de forma subjetiva, e muitas vezes despercebida, aos olhos mais desatentos. Contornam silhuetas cadavéricas, adornam aniversários e festividades, e nos fazem querer cheirar, comer, aflorar nossos desejos ocultos; quase ninguém nota o que são provocações das flores atrevidas.

Bruxas e flores se dão muito bem. Combinam e são capazes de fazer coisas absurdamente perigosas: estimular a libertação pessoal, inspirar o autoamor, provocar o sexo e até criar uma aura de glamour. Mas, cuidado: cada flor é única. Cada uma, um corpo. Um espírito desejado e rebelde, que tem seus amores e venenos. Entrar no jardim sem respeito é um perigo: a dona dele concedeu a cada uma das filhas bênçãos e defesas que podem provocar diversas sensações em nosso corpo, ânimo e espírito. De uma forma íntima, todas as flores possuem a essência de Perséfone. Em conjunto, formam seu misterioso e odorífico corpo divino.

Quando o corpo da deusa tomou forma, inebriando o pensamento dos gregos antigos, algumas flores ficaram conhecidas por serem vistas participando das aventuras de Perséfone. Você descobrirá se foram meras espectadoras ou mais do que isso: cúmplices das situações. Se apaixone por esse universo das plantas e flores para descobrir muitas artimanhas secretas da deusa, tornando sua jornada mágica um despertar sensorial.

Açafrão (*Crocus sativus*)

Dentre as flores consagradas a Perséfone, o açafrão é a que mais encarna o espírito de renascimento e maturação a partir dos desafios. Seu poder nos concede segurança para lidar com as dificuldades emocionais que interferem em nossa autonomia e confiança. A flor de açafrão anuncia a transição da juventude para a vida adulta, e sua vibração e poder são capazes de nos dar convicção para realizar sonhos e projetos.

Caso seus sonhos e projetos estejam parados porque a tristeza e a falta de merecimento têm lhe tomado o coração, em uma noite de lua crescente prepare um prato dedicado a Perséfone e adicione três estigmas de açafrão. Se você sente apego demais à opinião de sua mãe, a ponto de lhe impedir de se emancipar e viver uma vida mais autônoma, use estigmas de açafrão em seus feitiços. Você se livrará da culpa de desagradar ou de ser você mesma.

Regência astrológica: Sol.
Uso mágico: autoconfiança, coragem, poder pessoal, autonomia, renascimento.
Citado em: Hino Homérico a Deméter.

Papoula (*Papaver somniferum*)

A grande saudade de Deméter teria sido o motivo da existência da papoula, atribuída à deusa, que a criou para mascar e aliviar o peso do luto, enquanto não encontrava Perséfone. Para os gregos, Deméter só conseguiu dormir por conta da planta e suas propriedades soníferas. Dessa forma, a papoula tornou-se consagrada à deusa e passou a adornar seus templos.

Perséfone também costuma ser retratada com um buquê de papoulas nas mãos. Tanto a planta quanto as sementes eram consumidas em toda a Grécia, sendo um alimento cotidiano e parte da subsistência. Na devoção a Perséfone, a papoula representa o relaxamento e a paz de espírito ante ao luto e à tristeza, além de ser utilizada para atrair prosperidade por conta do seu uso abundante na Grécia Antiga.

Se a melancolia ou tristeza não te deixam dormir, coloque treze sementes de papoula embaixo do travesseiro. Para aplacar a dor e aliviar pensamentos ansiosos, adicione as sementes de papoula aos seus banhos mágicos.

Regência astrológica: Lua.
Uso mágico: sono, amortecimento da dor, acolhimento, contensão de energia, paralisia energética.
Citado em: ritos eleusinos.

Asfódelo (*Asphodelus ramosus*)

Sendo a própria representação do submundo, o fúnebre asfódelo era conhecido em toda a Grécia como uma flor sagrada do culto a Perséfone e Hades. Sua popularidade associada à morte era tamanha que, no reino de Hades, havia uma campina chamada Asfódelos, uma espécie de limbo por onde os mortos costumavam vagar até receberem a devida sentença e serem conduzidos a sua morada fixa. Aqueles que não haviam sido enterrados devidamente continuavam vagando pelos campos de asfódelos. Homero citou na *Odisseia*:

> E o Auxiliador, Hermes, levou-as por caminhos bolorentos:
> chegaram às correntes do Oceano e ao rochedo branco;
> passaram além dos portões do Sol e da terra dos sonhos
> e chegaram rapidamente às pradarias de asfódelo,
> onde moram as almas, fantasmas dos que morreram.[1]

As raízes do asfódelo eram consumidas em banquetes fúnebres e deixadas em sepulturas como forma de oferenda, pois os gregos acreditavam que os mortos se alimentavam delas. O geógrafo Pausânias afirmou que, em Rodes, havia estátuas de Perséfone retratada com uma coroa de asfódelos. A planta florescia bela entre a primavera e o verão, mas, com a chegada do outono, ficava desbotada e seca. Por crescer em abundância, o efeito visual gerado na paisagem era motivo de arrepios, pois se assemelhava a fantasmas vagando entre os túmulos. Na devoção a Perséfone, o asfódelo pode ser utilizado para integrar espaços ritualísticos voltados ao contato com o submundo. A flor é capaz de consagrar um ambiente para comunicação com espíritos e trabalhos associados à morte.

Regência astrológica: Plutão.
Uso mágico: ancestralidade, necromancia, descidas ao submundo.
Citado em: Odisseia.

Choupo-negro (*Populus nigra*)

Árvore consagrada a Perséfone, o choupo-negro representa a tristeza da perda gerada pelo luto. Os gregos acreditavam que as Helíades, filhas do deus Sol, foram transformadas em choupos-negros quando passaram quatro dias e quatro noites em luto diante da sepultura de Fáeton, seu irmão. Ele despencou do céu ao tentar conduzir a carruagem do pai, Hélio. Ovídio diz:

A casca vem-lhes à virilha, enquanto espantam-se,
e aos poucos ventre, peito, ombro e mãos envolve,
restando apenas bocas a chamar por mãe.
Que pode a mãe fazer, senão ir, impelida,
de lá pra cá e, enquanto é possível, beijá-las?
Isso não basta; quer tirar do tronco os corpos
e com as mãos os tenros ramos rompe, e deles
gotas de sangue emanam, qual uma ferida.
"Pára, mãe, te suplico", clamam todas elas;
"pára! O nosso corpo se lasca nas árvores.
E agora adeus" E a casca cortou-lhes a fala.
Dos novos ramos fluem lágrimas, o âmbar,
que o sol solidifica e o rio acolhe límpido
dando às jovens latinas para se enfeitarem.[2]

O choupo-negro surge na *Odisseia* como a árvore presente no bosque de Perséfone no submundo.

Se seu coração, ou o coração de alguém querido, sofre pela perda de um familiar ou animal, queimar alguns botões ou resina de choupo-negro poderá ajudar a lidar com todas as fases do luto.

Regência astrológica: Saturno.
Uso mágico: superação do luto, medo e angústias, estrutura emocional.
Citado em: Ovídio e *Odisseia*.

Jacinto (*Hyacinthus*)

Triste e violento foi o fim do jovem Jacinto. O belo moço se apaixonou perdidamente por Apolo, mas o vento Zéfiro também o desejava mais que tudo. Em fúria de tanto ciúme, enquanto Jacinto se divertia na campina com Apolo, jogando discos de metal pelo ar, o vento soprou raivoso e acertou a cabeça de Jacinto, matando-o imediatamente. Seu sangue vermelho-vivo escorreu por entre a campina, dando origem à flor de jacinto, que compunha o buquê de flores que Perséfone colhia durante o rapto. Sobre essa história fatídica, Ovídio diz:

> Mas eis que em quanto Apollo assim prantea,
> O sangue, que aferida cruel mana,
> Banhando as ervas, deixa de ser sangue,
> E delle nasce flor mais viva em tinta,
> Que a Tyria graã: Em tudo semelhante
> Muito seria ao Lyrio, se este branco
> Naõ fora, e purpurada a flor Jacinto.
> Naõ se dando inda Phebo por contente,
> Quiz elle mesmo por memoria, e honra
> Ay, ay nas folhas escrever afflicto;
> Funestas Letras, que inda agora ostenta.[3]

O jacinto representa a tristeza da morte, a melancolia e o fim inesperado. Na devoção a Perséfone, ele atua como uma flor poderosa capaz de nos acolher nos momentos de perda recente.

Se você passou por uma situação inesperada e decepcionante, adicione algumas gotas de óleo essencial de jacinto em um óleo massagem e passe na região da nuca e nas têmporas para aliviar a tensão nervosa. Para aumentar seu discernimento em perceber relações tóxicas, tenha flores de jacinto em casa.

Regência astrológica:	Vênus e Sol.
Uso mágico:	acolhimento no fim, tranquilidade, discernimento, libertação.
Citado em:	Ovídio e Hino Homérico a Deméter.

Lírio (*Lilium candidum*)

Quando Perséfone foi raptada, uma das flores em seu buquê eram os lírios: a própria representação da pureza. No mito, simbolizam a inocência da vida de Perséfone antes do rapto.

Se você deseja trazer mais leveza para seu caminho ao submundo, tenha lírios-brancos em casa. A pureza do lírio faz com que ele seja capaz de transmutar a energia de ambientes e, portanto, neutralizar sentimentos pesados. Na devoção a Perséfone, o lírio pode ser utilizado para afastar do ambiente ritualístico entidades do submundo e espíritos não convidados, assim como também é capaz de acolher nossa criança interior ferida por traumas e abusos.

Regência astrológica:	Lua.
Uso mágico:	purificação, limpeza, transmutação, neutralização de energias, acolhimento.
Citado em:	Hino Homérico a Deméter.

Maçã (*Malus domestica*)

Na Sicília, a maçã era um fruto muito presente no culto a Perséfone e símbolo do matrimônio e início da vida sexual. Os pretendentes tinham o costume de dar maçãs às donzelas como demonstração de interesse afetivo.

Na devoção a Perséfone, a maçã possui também forte ligação com o mundo dos mortos e com a magia de transformação, podendo ser utilizada para feitiços de transmutação de sentimentos, de destruição ou mesmo de descidas ao submundo.

Sua ambivalência nos permite muitas aplicações. Se você se sente incomodada pela inveja e competitividade de alguém, anote o nome da pessoa em um papel, peça ajuda para que Perséfone interceda por você, amasse o papel formando uma semente, coloque-o dentro de uma maçã e a enterre em uma noite de lua minguante.

Regência astrológica: Vênus.
Uso mágico: autoamor, relações afetivas, glamour, sexualidade, discórdia.
Citado em: culto em Siracusa/Selinus.

Menta (*Mentha spicata*)

Consagrada a Perséfone na Grécia Antiga, a menta era comumente utilizada em cerimônias fúnebres para perfumar o ambiente e os cadáveres. Sua associação com o submundo provém de uma história triste. Mint era uma bela ninfa do rio Cócito e mantinha um relacionamento casual com Hades, mas tudo mudou quando ele raptou Perséfone. A ninfa, ressentida com a recém-chegada, passou a se queixar pelos cantos de que era mais bela do que Perséfone e de que, em breve, Hades a abandonaria. Sabendo disso, Deméter, como forma de garantir o respeito pela filha, pisoteou a ninfa e a transformou em menta, uma erva que crescia em cantos de cavernas e lugares escuros. Diz a história:

> Mint, dizem os homens, era uma vez uma donzela sob a terra, uma Ninfa de Kokytos (Cocytus), e ela estava deitada na cama de Aidoneus [Haides]; mas quando ele raptou a donzela Perséfone da colina Aitnaian [monte Etna, na Sicília], então ela reclamou em voz alta com palavras arrogantes e delirou tolamente por ciúmes, e Deméter com raiva pisou nela com os pés e a destruiu. Pois ela havia dito que ela era mais nobre de forma e mais excelente em beleza do que Perséfone de olhos escuros e ela se gabava de que Aidoneus voltaria para ela e baniria a outra de seus salões: tal paixão saltou em sua língua. E da terra espirrou a erva fraca que leva o nome dela.[4]

Na devoção a Perséfone, a menta é utilizada como uma reparadora energética de ambientes, trazendo paz, frescor e tranquilidade. Também é usada em feitiços de destruição, de justiça e de vingança.

Se você estiver prestes a receber uma visita invejosa ou incômoda, defume sua casa com folhas de menta ou ofereça um chá da erva. Dessa maneira, a pessoa se recordará de prestar-lhe o devido respeito no seu espaço.

Regência astrológica: Mercúrio.
Uso mágico: apaziguamento, equilíbrio emocional, discernimento, reflexão antes de ação.
Citado em: Oppion, Estrabão, Ovídio.

Mirra (*Commiphora myrrha*)

Adorada por suas flores brancas e perfumadas, a mirra era frequentemente usada para ornamentar a coroa de flores das noivas gregas, símbolo de um casamento próspero. Porém, com sua ambivalência, também era muito utilizada nas cerimônias fúnebres.

Perséfone divide a consagração da flor com Afrodite, deusa também muito associada a mirra. A relação provavelmente se dá por Adônis, filho adotivo de Perséfone, ter nascido de um tronco de mirra. Sua história não tem um final feliz. Adônis era um jovem muito belo, entregue por Afrodite para que Perséfone o criasse. Contudo, em idade jovem e esbelta, Afrodite pediu o garoto de volta, e Perséfone negou, pois estava apaixonada por ele. Numa disputa para saber quem ficaria com Adônis, as deusas foram até Zeus, que sugeriu que o menino escolhesse. Decidindo ficar com Afrodite, sua vida durou pouco. Ares, amante de Afrodite e deus da guerra, sentiu ciúmes do garoto e enviou um javali para matá-lo. Na morte, Adônis reina com Perséfone e Hades no submundo. Sobre a história, Apolodoro diz:

> Dez meses depois, a árvore estourou e nasceu o belo Adônis a quem, por causa de sua beleza, enquanto ele ainda era uma criança, Afrodite escondeu em um baú desconhecido dos deuses e confiou a Perséfone. Mas quando Perséfone o viu, ela amou a criança e não o devolveu. O caso foi julgado diante de Zeus e o deus ordenou que Adônis ficasse sozinho por uma parte do ano, com Perséfone por uma parte, e com Afrodite pelo restante. No entanto, Adônis deixou para Afrodite sua própria parte adicional; mas depois, na caça, ele foi chifrado e morto por um javali.[5]

A mirra, na devoção a Perséfone, representa a lembrança de que o destino é sempre a morte. Por isso, devemos aproveitar nossas vidas ao máximo, celebrar e cuidar daqueles que amamos como se não houvesse amanhã, pois, de fato, pode não haver.

Se, por alguma razão, sua vida tem perdido a alegria e o sentido, queime incenso ou resina de mirra no seu lar. Em noite de lua crescente, use algumas gotas de óleo essencial durante o banho e inale profundamente, sentindo o aroma abraçar sua alma. A mirra também pode scr queimada em noites de lua nova para comunicar-se com os mortos através da fumaça da sua resina.

Regência astrológica:	Saturno.
Uso mágico:	morte e renascimento, proteção, tranquilidade, alegria, fidelidade, necromancia e acolhimento em caso de luto materno.
Citado em:	Apolodoro.

Narciso (*Narcissus*)

Adorado por seu aroma hipnótico, o narciso representa a morte da nossa juventude ou versão imatura, para o processo de iniciação no submundo. No Hino Homérico, o narciso é plantado por Gaia, sob as ordens de Zeus, na forma de um açafrão místico: flor que faz com que Perséfone seja raptada por Hades, levantando a hipótese de que a deusa tenha sido seduzida por suas próprias vaidades, e por isso foi arrastada ao submundo.

O perfume do narciso é um poderoso sonífero e despertador de poderes oníricos; seu nome deriva da palavra *narkê*, ou "sono". Se você deseja adentrar no submundo ou investigar suas próprias sombras através do mundo dos sonhos, borrife perfume de narciso no ambiente, e ele lhe mostrará o que se esconde atrás de suas máscaras. O narciso é excelente para instigar o início de nossa libertação das armadilhas do ego. Como disse Ovídio sobre o jovem e vaidoso Narciso, que se apaixonou pelo próprio reflexo e morreu afogado:

> Cansado, a cabeça tombou na verde relva,
> fechou-lhe a morte os olhos loucos pelo dono.
> Mesmo depois de entrar na morada infernal,
> ele se olha no Estige. As suas irmãs Náiades
> choraram, ofertando-lhe os cachos cortados;
> as Dríades choraram; Eco ressoou,
> e preparavam já a pira e as tochas fúnebres;
> corpo nenhum havia. No lugar acharam
> uma flor, cróceo broto entre pétalas brancas.[6]

Regência astrológica: Vênus.
Uso mágico: trabalho das sombras, autoamor, amadurecimento, sonhos reveladores.
Citado em: Hino Homérico a Deméter.

Romãs (*Punica granatum*)

Fruta diretamente associada ao culto a Perséfone, a romã é a máxima representação da riqueza produzida no submundo. A crença de que o fruto tem ligação com o mundo dos mortos surgiu quando Hades ofereceu a Perséfone as sementes de romã como garantia de que ela não ficaria para sempre com Deméter na superfície.

Desta maneira, a romã foi associada fortemente ao casamento e ao início da vida sexual, simbolizando, portanto, a noite de núpcias. Geralmente, em um determinado momento da festa de casamento, o noivo presenteava a noiva com uma romã, em uma demonstração clara daquilo que fariam após a celebração. Os gregos a consideravam um requinte, pois não era uma fruta comum na alimentação cotidiana — e, por essa razão, representava luxo e prosperidade.

Na Sicília, havia um costume com a chegada do inverno: o pai de família deveria quebrar uma romã na entrada da porta de casa e espalhar as sementes para atrair prosperidade ao lar. Na versão do mito, narrada pelo poeta Ovídio, não é Hades quem oferece à deusa as sementes de romã: é ela mesma quem come o fruto direto da árvore do pomar de Hades e é flagrada por Ascálafo, daímôn horticultor dos pomares do deus. Ele delata o ocorrido a Deméter, e Perséfone, com raiva, transforma-o em coruja.

> Disse, mas Ceres quer mesmo de volta a filha,
> mas, os fados não deixam, pois ela o jejum
> quebrara, quando, ingênua, andando no pomar,
> colhera em curva árvore um puníceo fruto
> e tirando da branca polpa sete bagas,
> espremeu-as na boca. De todos, apenas,
> viu-a Ascálafo, a quem, contam, outrora, Orfe,
> das ninfas avernais, a não menos famosa,
> de Aqueronte gerou sob selvas tenebrosas;
> vendo, a delata, obstando-lhe, cruel, a volta.

A rainha do Érebo geme e do profano
ave fez, e aspergindo-lhe água do Flégeton,
no rosto bico, penas e olhos grandes forma.
Assim mudado, é envolto em fulvas asas,
cresce-lhe a fronte e as unhas, compridas, se encurvam
e apenas move as penas dos braços inertes;
fez feia ave, núncia de luto vindouro;
coruja ignava, agouro funesto aos mortais.
Esse parece, pela delação e a língua,
que mereceu a pena.[7]

No culto a Perséfone, a romã pode ser utilizada para uma infinidade de encantamentos e feitiços associados ao submundo, a trabalhos das sombras, à fecundidade e à sexualidade.

Se você começou um relacionamento afetivo, escreva seu nome e o nome da pessoa amada em uma vela vermelha, em noite de lua nova, e fixe-a na ponta da romã. Depois que a vela queimar completamente, enterre a fruta em solo fértil em honra a Hades e Perséfone, pedindo que vocês tenham uma relação de cumplicidade e profundidade.

Para rituais de cura sexual, experimente comer seis sementes de romã durante a prática. Em pouco tempo, você estará lidando com suas travas sexuais de uma forma mais confiante e libertadora.

Regência astrológica:	Vênus.
Uso mágico:	prosperidade, riqueza, fecundidade, fertilidade, despertar sexual, iniciação.
Citado em:	Ovídio; Hino Homérico a Deméter; Apolodoro.

Rosa-rubra (*Rosa gallica*)

A rosa-rubra foi uma das flores colhidas por Perséfone no momento do rapto e, dentre as que formam seu buquê, é a que mais encarna a magia do amor e da autoconfiança. Uma flor magnífica de tons magenta e vermelho-vivo, capaz de provocar um efeito de apaixonamento devido ao seu poder de atração.

Se, por alguma razão afetiva, seu espírito anda deprimido, tome banho de rosa-rubra para recuperar o viço e a alegria de viver. De suas pétalas, pode ser feito um chá capaz de eliminar o estresse emocional. Quando adicionada aos feitiços de amor, ela ajuda a abrir os caminhos para encontrar relacionamentos saudáveis e compatíveis com seus valores pessoais.

Regência astrológica: Vênus.
Uso mágico: amor-próprio, autoconfiança, coragem, glamour.
Citado em: Hino Homérico a Deméter.

Salgueiro-branco (*Salix alba*)

Por ser uma árvore funesta, o salgueiro-branco representa o luto e a tristeza, e está presente no bosque de Perséfone na entrada do submundo. O salgueiro, na Grécia Antiga, sempre foi visto como representação de morte e melancolia, principalmente se o sofrimento tiver sido gerado pela perda da pessoa amada. Quando Orfeu desceu cantando ao submundo, em busca do seu amor Eurídice, carregava consigo um galho de salgueiro nas mãos — os ramos eram extraídos dos vimes para trança e confecção de cestas.

Na devoção a Perséfone, a árvore simboliza o conforto nos momentos de tristeza afetiva e o acolhimento que aplaca a saudade dos entes queridos, assim como a lembrança de que as pessoas amadas que já partiram estão mais próximas de nós do que imaginamos. O salgueiro nos diz que se lembrar da morte é uma boa forma de desfrutarmos melhor da vida.

Se você deseja inspiração para escrever poemas, cantos e histórias de tema sombrio, tome uma xícara de chá de casca de salgueiro desidratada. Dos galhos da árvore, confeccione amuletos para guiar a descida ao submundo. Queime suas folhas em dia de lua minguante, pois elas ajudarão a redirecionar espíritos e entidades para o reino de Hades.

Regência astrológica: Saturno.
Uso mágico: encaminhamento de espíritos, fim de relacionamento, aplacar saudade, tristeza e melancolia. Reverência aos poderes do submundo.
Citado em: Odisseia.

Trigo (*Triticum vulgare*)

Na Grécia Antiga, o trigo foi a principal fonte de alimento nos períodos homérico (1150 a 800 AEC) e arcaico (800 a 500 AEC). Ele representa a bênção de Deméter e Perséfone sobre a terra, e os gregos associavam o início da domesticação desse cereal ao rapto de Perséfone. O retorno da deusa teria concedido alegria suficiente para que Deméter produzisse, na terra vasta, espigas douradas de trigo — e ela teria ensinado a Triptólemo, o herói de Elêusis, os mistérios de seu plantio e colheita, a fim de que ele ensinasse o povo helênico a produzi-lo.

Em representações de Perséfone, era frequente vê-la na companhia de um buquê de feixes de trigo. Além de simbolizar os grãos e sementes, a deusa também era vista como a própria encarnação da planta. Nos ritos eleusinos, o cereal esteve presente, e suspeita-se que ele possa ter feito parte das cerimônias secretas que aconteciam dentro do Telesterion.

Na devoção a Perséfone, o trigo carrega a força da versatilidade, da sustentação e da nutrição material e espiritual. Use-o para explorar suas habilidades culinárias, criando bolos e pães intencionados.

Regência astrológica: Sol.
Uso mágico: nutrição, sustentação, aterramento, abundância e criatividade.
Citado em: Hino Homérico a Deméter; ritos eleusinos.

Violeta (*Viola*)

Favorita dos atenienses, a violeta era uma das flores mais amadas da Grécia Antiga, onde era comumente consagrada a Afrodite. Dentre as flores colhidas por Perséfone estava a violeta, e isso fez surgir a crença de que Afrodite teria influenciado o rapto da deusa.

Além de ser bastante frequentemente utilizada para a fabricação de perfumes, os gregos trançavam coroas com a flor e as vestiam durante as orgias para curar a dor de cabeça provocada pelo excesso de vinho.

No culto a Perséfone, a violeta simboliza a presença do desejo por amor. Por isso, se você deseja se abrir emocionalmente e ter mais autoconfiança em relacionamentos afetivos, tome um banho com as pétalas da flor, cujo perfume ressaltará seu charme e fará com que você não passe despercebida em situações em que precisa mostrar confiança em seus conhecimentos. De toda forma, estar acompanhada por essa flor vai lhe trazer mais discernimento de suas próprias emoções e, portanto, atrair relações mais harmônicas e alinhadas com sua concepção de amor.

Regência astrológica:	Vênus.
Uso mágico:	relacionamentos afetivos, amor-próprio, sexualidade, glamour.
Citado em:	Hino Homérico a Deméter.

PARTE 2

PERSÉFONE NA ERA DOS HERÓIS

Um vácuo... A obscuridade de um novo tempo tensionava os ares. O destino da civilização grega era incerto e confuso, perdido entre conflitos internos e o sentimento de que, embora os tempos não fossem mais como antes, também não se sabia ao certo como se daria a nova forma de organização.

Por volta de 900 AEC, os *génos* se multiplicavam. Mais pessoas nasciam, e a produção de alimentos não acompanhava o crescimento populacional. Era preciso, então, ocupar terras férteis, tornando necessário o deslocamento dos *génos*, porque não bastava obter um espaço de terra se este fosse improdutivo para o cultivo de legumes, verduras e grãos, que passaram a ser cultivados dentro dos próprios clãs.

A carência de terras férteis desocupadas abriu espaço para que os *génos* detentores de espaços cultiváveis comercializassem pedaços de terra. O homem passou a tratar a posse da terra como fazia com suas mulheres: ele as trocava, comercializava e negociava conforme interesses próprios. O corpo vegetal da deusa se tornou propriedade privada, cuja chance de ser conquistada pelos menos favorecidos acontecia por meio de uma dívida que poderia lhes custar a liberdade.

A necessidade de bons acordos e negociações para expansão dos *génos* fez com que os assentamentos criassem alianças entre si: as *phratríai* (fratrias)

— grupos que viriam a ter grande influência e poderio. Os grandes chefes de fratrias detinham uma extensão de terras vasta e, com isso, um número crescente de endividados, os quais, sem a possibilidade de quitar suas dívidas, se tornaram escravos. As leis e a organização social (cada vez mais desigual) eram cunhadas por esses grupos privilegiados, criadores de uma fraternidade capaz de exercer o poder através da influência familiar, da negociação de bens e do domínio militar.

Os descendentes mais próximos da figura do *pater* eram os únicos que tinham o direito de possuir as melhores terras, e isso apenas aumentava as disparidades sociais. No entanto, nem tudo eram flores para os bem-nascidos: os conflitos e a tensão entre as fratrias eram intensos.

Aspectos da personalidade divina de Perséfone ganharam forma nessa configuração familiar, onde os laços de sangue criavam raízes firmadas no rancor e na rixa entre duas ou mais famílias. A lei organizacional do *pater* (conhecida como *thémistes*) passou a não ser suficiente para fazer justiça à raiva que acometia o coração de dois inimigos. Assim, como forma de afronta, as mulheres eram propositalmente raptadas, bem como o gado. Além disso, mesmo dentro de seus lares, pessoas eram mortas por encomenda de uma família rival.

O ódio crescente pela audácia do vizinho trouxe um novo conceito de justiça baseada na vingança: a *díkê*, que surgia do desejo de arrancar as vísceras do infrator e fazer cumprir a ordem. O sangue derramado sobre a terra alcançava as regiões mais sombrias do subsolo e era uma forma de reparação da dignidade da família que havia se sentido, de alguma forma, invadida. O ódio só dava espaço para a reconciliação quando o oponente afrontoso rogava por *aídesis* (o princípio da piedade e compaixão). Mesmo assim, a *poinê* (dívida de sangue) era exigida; o sangue simbolizava a memória da violência sobre o solo sagrado do outro, tornando-se também a lembrança da reparação do conflito.

Se esse sangue não fosse derramado pela fúria, então que fosse derramado pelo elo entre as duas famílias. Durante a noite, acontecia um banquete repleto de carnes, frutas, cochichos e olhares repulsivos uns para os outros. O tratado de paz (*philótês*) era firmado com o casamento de duas almas unidas a partir da rivalidade e confusão.

Era feito um corte na pele como marca da violência, e gotas de sangue da família vitimada se misturavam às da família infratora em uma única taça, representando a aliança e o reestabelecimento do equilíbrio familiar; e ali, diante de todos, sacrifícios eram feitos para divindades escolhidas pelas famílias como símbolo dessa conexão.[1]

O poder de Perséfone e a visceralidade dos acontecimentos que marcariam seu mito começavam a tomar forma em um contexto sociocultural em que o ódio, o amor e o poder geravam elos familiares que davam origem a cultos e rituais dedicados a um deus cultuado em comum acordo pelos dois *génos*.

A imagem dos deuses helênicos adequou-se a essa nova organização social, contribuindo para uma abundante riqueza de mitos cantados por trovadores habilidosos em banquetes fartos de associação. Quando várias fratrias tornaram-se grandes *phylé* (tribos), a fusão de perspectivas mitológicas tomou um rumo sem precedentes e culminou na necessidade de estabelecer um culto único a uma entidade específica que representasse os aspectos fundamentais sustentadores daquela tribo. Esta, por sua vez, passava a ser regida e protegida pela força de um herói mítico ou histórico escolhido para ser o fundador da cidade.

Assim, por volta de 800 AEC, formava-se o conceito de pólis: cidades gregas que funcionavam de forma independente e tinham seu altar firmado na conjunção das famílias, instituindo, assim, sua forma de funcionamento político, social e religioso de maneira isolada.

Portanto, o herói deixou de ser o semideus para representar o cidadão comum, comprometido em honrar os valores de sua pólis e lutar por ela quando chegasse a hora. O conceito da pólis pôs fim à organização patriarcal baseada no sistema gentílico, mas sua herança patriarcal construída sobre a desigualdade social permaneceu. A crescente exploração dos camponeses e o aumento da escravidão por dívida de terra geraram um segundo movimento migratório: os mais pobres e os habitantes de regiões periféricas da Grécia partiram para outras regiões em busca de terras férteis e melhores condições de vida. Um dos principais destinos foi a península Itálica, mais precisamente a região da Sicília, que se tornou um dos principais locais de culto a Perséfone.

Ainda repleto de mistérios e informações perdidas no tempo, esse período é hoje conhecido como homérico, por influência dos escritos de Homero. O poeta clássico retratou detalhes dessa realidade social marcada por transformações profundas na forma de vida e de organização da civilização grega. Os vestígios desse passado conflituoso, sangrento e rico em mitos e em influência direta dos deuses na vida mortal podem ser lidos nos poemas *Ilíada* e, posteriormente, *Odisseia*, ambos considerados os mais antigos documentos literários do ocidente.

Na *Ilíada*, Homero narra a Guerra de Troia, que durou cerca de dez anos e foi desencadeada pelo troiano Páris ao raptar Helena, esposa de Menelau, rei de Esparta. Na *Odisseia*, o poeta evidencia a jornada dos heróis — sobretudo de Ulisses em seu retorno para casa repleto de desafios e armadilhas promovidas pelos deuses.

Embora tragam influências creto-micênicas, os acontecimentos ocorridos em ambos os poemas são datados de 800 a 701 AEC, e é neles que encontramos as primeiras menções a Perséfone. A deusa ainda não aparece como a donzela raptada nem mesmo como a filha vulnerável, mas envolvida em assuntos funestos, súplicas heroicas e na soberania de uma temível rainha do submundo.

Em *Ilíada*, no canto IX, Fênix, membro da comissão de Aquiles, tenta persuadi-lo a voltar para a guerra. O tutor conta-lhe brevemente sua história e sobre como foi expulso da sua cidade natal e amaldiçoado pelo próprio pai, que rogou às Erínias em nome de Hades e Perséfone. Fênix havia se deitado com a amante do pai a mando da mãe, cuja intenção era fazer o marido odiar a concubina.[2]

> 450 que ele amava a ponto de desprezar a esposa legítima,
> minha mãe. Pelos joelhos me suplicou minha mãe
> que me deitasse com a amante, para que o ancião a odiasse.
> Obedeci-lhe e pratiquei o ato. Apercebeu-se meu pai
> e amaldiçoou-me com força, invocando a Erínia detestável:
> 455 nunca sobre seus joelhos se sentaria filho amado
> por mim gerado. Os deuses cumpriram a maldição,
> Zeus subterrâneo e a **temível Perséfone**.

Ainda no canto IX, Fênix apela para a história de Meleagro: um jovem herói amaldiçoado pela própria mãe (Altéia), em nome de Hades e Perséfone, por ela ter o irmão assassinado por Meleagro em um combate. Com raiva da maldição, o jovem deixa de lutar, e isso prejudica a proteção de sua cidade, fazendo com que os oponentes invadam sua casa.

565 Junto dela se deitou Meleagro em ira amarga,
furioso devido às imprecações da mãe, que rezava aos deuses
em grande sofrimento por causa do assassínio do irmão;
e com as mãos muito batia na terra que tudo alimenta,
chamando por Hades e pela **temível Perséfone**,
570 enquanto estava ajoelhada com o peito umedecido de lágrimas,
para que eles dessem a morte a seu filho. E a Erínia que na escuridão
caminha ouviu-a do Érebo, ela cujo coração não tem suavidade.

Em ambos os versos, Perséfone recebe o epíteto *epainē*, a "temível". Aqui (e também na *Odisseia*), a deusa é evocada no rogo de pragas como forma de justiça. No verso 568, bater as mãos na terra é uma forma de chamar pela deusa, tradição ritualística no culto a Hades e Perséfone. A partir dos versos, é possível notar que o submundo na *Ilíada* está associado à profundidade da terra, e Perséfone já é reconhecida como rainha do submundo e esposa de Hades.

No canto X da *Odisseia*, o herói Ulisses é orientado por Circe a ir até o bosque de Perséfone para realizar um ritual de necromancia denominado *Nekyia*; a intenção é consultar o fantasma de Tirésias, prodigioso adivinho que passou parte da vida transformado em mulher e, por seus talentos espirituais, foi abençoado por Perséfone após a morte. Circe explica a Ulisses que somente Tirésias poderá lhe dizer como voltar para a casa.[3]

490 Mas tendes primeiro de cumprir outra viagem
e chegar à morada de Hades e da **temível Perséfone**
para consultardes a alma do tebano Tirésias,
o cego adivinho, cuja mente se mantém firme.
Só a ele, na morte, concedeu **Perséfone** o entendimento,
495 embora os outros lá esvoacem como sombras.
[...]
E quando atravessares a corrente do Oceano,
onde há uma praia baixa e os bosques de **Perséfone**,
510 grandes álamos e choupos que perdem seu fruto,
aí deixa a nau junto ao Oceano de remoinhos profundos,

> e vai tu próprio para a mansão bolorenta de Hades.
> [...]
> Ordena então aos teus companheiros que esfolem
> as ovelhas, que ali jazem degoladas pelo bronze impiedoso,
> e que as queimem, dirigindo preces aos deuses,
> a Hades poderoso e à **temível Perséfone.**

Ainda no canto X, Ulisses conta a seus companheiros de viagem a orientação dada por Circe:

> À chegada deles, assim disse aos companheiros:
> "Pensais porventura que é para casa, para a terra amada
> que regressamos: mas outro foi o caminho que Circe indicou,
> para a mansão de Hades e da **temível Perséfone,**
> 565   para interrogar a alma do tebano Tirésias."

Já no canto XI, no bosque de Perséfone, Ulisses pede aos companheiros que esfolem as ovelhas, com cujo sangue ele atrairá os mortos para alimentá-los, mas somente depois de falar com Tirésias.

> Ordenei então aos meus companheiros que esfolassem
> 45   as ovelhas, que ali jaziam degoladas pelo bronze impiedoso,
> e que as queimassem, dirigindo preces aos deuses,
> a Hades poderoso e à **temível Perséfone.**
> Eu próprio, desembainhando a espada afiada de junto da coxa,
> fiquei ali sentado: não permiti que as cabeças destituídas de força
> 50   dos mortos se chegassem ao sangue, antes de interrogar Tirésias.

Ainda nesse canto, Ulisses encontra o fantasma de sua mãe e se comunica com os espíritos de mulheres nobres enviadas por Perséfone para receber a oferenda. Aqui, Perséfone é referenciada com o epíteto *agaūe* (altiva/ilustre/ augusta). Isso mostra a mudança na percepção de Ulisses sobre a deusa e evidencia sua característica majestosa por conceder a ele tal privilégio.

> 210   "Minha mãe, por que não esperas por mim que te quero segurar,
> para que até no Hades atiremos os nossos braços à volta
> um do outro e ambos nos deleitemos com frígido lamento?

Será este um fantasma que me mandou a **altiva Perséfone**,
para que eu chore e me lamente ainda mais?"
215 Assim falei; e logo respondeu a excelsa minha mãe:
"Ai de mim, ó filho, desgraçado entre todos os homens!
Não é **Perséfone**, filha de Zeus, que te defrauda:
é a lei que está estabelecida para os mortais, quando morrem.
Pois os músculos já não seguram a carne e os ossos,
220 mas vence-os a força dominadora do fogo ardente,
quando a vida abandona os brancos ossos
e a alma, como um sonho, batendo as asas se evola.
Mas tu volta rapidamente para a luz! E mantém presentes
todas estas coisas, para que depois as possas contar a Penélope."
225 Enquanto trocávamos estas palavras, chegaram
as mulheres, pois mandava-as a altiva Perséfone:
todas as que tinham sido esposas e filhas de nobres.
Juntaram-se em bandos em torno do negro sangue,
enquanto eu deliberava como interrogar cada uma delas.

Ulisses encontra o fantasma do rei Agamenon e, dessa vez, cita Perséfone com o epíteto *agnê* (sacra/santa). A capacidade sublime da deusa de lhe proporcionar experiências espirituais é, portanto, ressaltada.

385 Depois de a **sacra Perséfone** ter dispersado em várias
direções as almas femininas das mulheres,
aproximou-se a alma triste do Atrida Agamémnon.

Em um sinal de conclusão da jornada de Ulisses para se comunicar com os mortos, Perséfone lhe envia uma criatura que o assusta.

630 Teria visto ainda outros homens, que queria ver,
como Teseu e Pirítoo, gloriosos filhos de deuses.
Porém antes que tal acontecesse, surgiram aos milhares
as raças dos mortos, com alarido sobrenatural; e um pálido terror
se apoderou de mim, não fosse a **temível Perséfone** enviar-me
635 da mansão de Hades a monstruosa cabeça da Górgona.

No mesmo período histórico, Perséfone seguiu sendo referenciada nos versos de Hesíodo, datados da mesma época das narrações de Homero

(800 a 701 AEC). Hesíodo foi um poeta que viveu na região da Beócia como um pastor camponês após perder o direito às terras do pai, depois de um conflito com o irmão. Inspirado no canto das musas, ele passou a escrever seus poemas, mesmo enfrentando o difícil trabalho de agricultor e vivendo uma realidade rural em um período marcado pela crise agrícola e por transformações sociais.

Hesíodo tornou-se referência na representação das crenças e do modo de viver dos moradores fora dos muros da pólis, entre os campos de trigo e costumes rurais. Geralmente, os versos hesiódicos são vistos como uma forma de organizar a criação e a formação do panteão grego com base na poesia concedida por Homero.

Em *Teogonia*, Hesíodo descreve o palácio de Hades e Perséfone para além dos portões de bronze por onde cruzam a Morte e o Sono, um palácio entre o umbral e a treva bolorenta, protegido pelo cão Cérbero (verso 768).[4]

> Defronte, o palácio ecoante do Deus subterrâneo
> o forte Hades e da **temível Perséfone**
> eleva-se. Terrível cão guarda-lhe a frente
> não piedoso, tem maligna arte: aos que entram
> faz festas com o rabo e ambas as orelhas,
> sair de novo não deixa: à espreita
> devora quem surpreende a sair das portas.

No verso 913, na narração dos acontecimentos entre os deuses olímpicos após a Titanomaquia, Hesíodo cita Perséfone adjetivada pelo epíteto *leukolenos* (de alvos braços), e também descreve o envolvimento sexual entre Zeus e Deméter, que teria gerado Perséfone. Retratá-la como uma deusa de pele clara é uma maneira de evidenciar que ela nasceu em seio privilegiado, já que os trabalhadores do campo tinham a pele queimada pelo sol.

A narrativa não descreve explicitamente um estupro por parte de Zeus. No entanto, é evidente que o deus ainda jovem e recém-vencedor da guerra é estimulado por Urano (o Céu) e pela avó Gaia (a Mãe Terra) a garantir seu poder como regente dos imortais. Seu primeiro ato é desposar companheiras escolhidas por seus atributos de sabedoria, fertilidade e outras qualidades que lhe garantiriam uma linhagem prudente e digna de um rei. Uma das companheiras é Deméter.

> por conselhos da Terra e do Céu constelado.
> Estes lho indicaram para que a honra de rei
> não tivesse em vez de Zeus outro dos Deuses perenes:
> era destino que ela gerasse filhos prudentes,
> [...]
> Também foi ao leito de Deméter
> nutriz que pariu **Perséfone de alvos braços**.
> Edoneu raptou-a de sua mãe, por dádiva do sábio Zeus.

Ao citar Zeus como sábio e o referenciar enquanto motivador do rapto de Perséfone, logo após descrever seu envolvimento sexual com Deméter, Hesíodo talvez esteja sugerindo que Zeus se deitou com Deméter já tendo consciência de que a filha, fruto dessa relação, estaria destinada a se casar com Hades — talvez como um futuro tratado de paz entre o Olimpo e o submundo. Eis aí um plano que um típico *pater* elaboraria para seu *génos* na tentativa de conter futuros problemas entre duas famílias; nesse caso, reinos.

Na narrativa de Hesíodo, Zeus, mais de uma vez — e sob orientação da avó —, atua como uma força geradora, um princípio que movimenta a formação e a organização do mundo sob o desejo de cocriação e de poder. Futuramente, Gaia retornará à trama como a responsável por planejar o rapto com Zeus: ela faz brotar a flor-armadilha de Perséfone, e Zeus instiga Hades a raptar a deusa. Zeus e Gaia são figuras fundamentais e principais motivadores do casamento de Hades e Perséfone; parece ser um plano traçado desde sempre e do qual ambos não faziam ideia.

As primeiras citações a Perséfone, por Homero e Hesíodo, evocam uma das principais facetas da deusa: a ambiguidade e a volatilidade presentes em seu poder de ser temível e, ao mesmo tempo, digna de reverência. Diferentemente de como é atualmente retratada — uma vítima vulnerável —, a Perséfone de tempos ancestrais já jogava com a não obviedade e transgredia a tendência de enquadrar o feminino em algo padronizado e controlável, para representar uma deusa que agia entre o sagrado e o profano, não de forma separada, mas indivisível, e isso a tornava temível. O mundo sempre temeu mulheres ou deusas cuja premissa é não ser absoluta, mas mutável; e, no caso de Perséfone, em constante ciclo de transformação. Tanto os poemas homéricos quanto os hesiódicos demarcam um importante período de transformação na Grécia Antiga: o fim do período homérico e o início do período arcaico.

O rapto da riqueza aristocrática

Em 700 AEC, a Grécia era formada por um complexo de cidades-Estados únicas em sua natureza. As montanhas e fronteiras propiciavam um isolamento geográfico, fazendo com que as pólis se estruturassem cada uma à sua maneira. Dentre as tantas cidades-Estados, duas se desenvolviam de formas muito distintas entre si: Esparta e Atenas. Foi justamente essa distinção que as tornou populares por suas diferenças organizacionais.

Enquanto Esparta possuía características bélicas influenciadas por costumes dóricos e micênicos, Atenas crescia focada em uma organização liderada pela aristocracia. Mas a falência da organização gentílica gerou uma tensão social que inspirava dúvidas sobre o destino desta última. Após a segunda onda migratória e diáspora dos povos gregos sem condições de adquirir terras férteis — os quais partiram para a Ásia e para a península Itálica —, os eupátridas, aristocratas que viviam da revenda e da dívida por compra de terras, sentiram drasticamente suas riquezas ruindo. As famílias que ficaram, tendo conquistado seus pedaços de terra com muito esforço, passaram a fazer deles uma fonte de renda com base no campesinato; uma parte do plantio era reservada para a família e a maior parte vendida.

A agricultura familiar surgiu da necessidade de suprir a carência na produção agrícola que assolou a Grécia: o plantio e a produção importavam mais do que adquirir novas terras.

Entre os pobres e eupátridas, surgia uma nova camada social: a do comerciante abençoado com a malícia de Hermes e seu poder de negociação. Sua riqueza e abundância cresciam com a venda e revenda dos mais variados produtos, desde sacas de grãos e de sementes até o criativo e belo artesanato. Quando a roda da vida girou, milhares de aristocratas se viram falidos e obrigados a vender suas terras para sobreviver. Aqueles que restaram eram assombrados pela onda de comerciantes endinheirados e por um grupo expressivo de soldados ressentidos.

Em Atenas, cada soldado era responsável por adquirir seu próprio armamento de guerra. Em bons tempos para os ricos, o soldado aristocrata dispunha de armamento melhor, apresentava um desempenho exemplar em batalha e também recebia maior retorno em bens se a guerra fosse vencida. Aos mais humildes, restava o risco altíssimo de morte e, caso sobrevivessem, pouquíssimas honrarias.

Os soldados da infantaria ateniense tomavam a linha de frente munidos de espadas, de lanças afiadas e de *hóplon*, escudos de aproximadamente oito quilos. O rápido avanço comercial lhes permitiu adquirir melhores *panóplias* (armaduras). Isso mudou abruptamente o cenário militar.

As transformações militares e sociais ameaçavam a integridade e a soberania dos mais ricos, aumentavam as tensões entre camadas sociais e, como consequência, de todos os cantos ouvia-se um novo movimento focado em promover discussões, debates e propostas reflexivas em uma perspectiva coletiva e social. A semente da democracia foi plantada nesse solo.

Em 621 AEC, quando uma voz influente o bastante para impor limites organizacionais se fez necessária, Drácon, cujo espírito aristocrático era perfeito para representar os mais ricos, tornou-se legislador. Com isso, ele fundamentou o código draconiano, cuja principal premissa — certamente de viés aristocrático — era a supremacia do poder público.

Depois, em 594-93 AEC, sob o governo de Sólon, que tentou conciliar os interesses dos ricos e pobres, iniciou-se uma reforma estrutural marcada pela importância da ressacralização da terra e da necessidade de recobrar a percepção sobre o papel do cidadão. Sólon fundamentou a *seisachteia* (lei de abolição de dívidas por compra de terras) e recobrou o entendimento da terra como parte sagrada e, portanto, digna de respeito. A deusa é para todos. A ele, é atribuído o início da celebração dos mistérios eleusinos dedicados a Deméter e Perséfone dentro da pólis ateniense:

> Nos dias de Sólon, Salamina foi tomada pelos atenienses. Aparentemente Elêusis também foi então trazido para a órbita de Atenas, pois ouvimos dizer que os Mistérios estavam entre os ritos sagrados atenienses previstos pela

lei especial de Sólon. Andokides afirma definitivamente que, de acordo com a lei de Sólon, o Conselho ateniense deveria se reunir em Elêusinion no dia seguinte à realização dos Mistérios para ouvir o relatório dos oficiais sobre a condução da celebração. Nós também encontramos especificações para os sacrifícios a serem realizados em Atenas em conexão com a celebração dos Mistérios na inscrição que contém a reedição da lei sagrada de Sólon. Aparentemente durante a época de Sólon o Hino foi composto.[5]

É nesse cenário de instabilidade social que surge o tirano. Embora gozasse de certa riqueza adquirida com o comércio, ele era o preterido dentre os privilegiados, por sua falta de influência dentro da aristocracia. Diferentemente do contexto pejorativo atual da palavra, o "tirano" da Grécia Antiga era aquele que, se aproveitando de um momento de instabilidade política e social, estabelecia e conquistava o poder de maneiras não tradicionais e rompia com a ordem firmada sem a necessidade de pertencer aos bem-nascidos. O tirano governante renegado caminhava pelas sombras das camadas sociais e incitava a rebeldia, provocava as estruturas, rompia com antigas normas e estabelecia novas em benefício próprio e daqueles que, de alguma forma, lhe apoiaram em sua conquista ardilosa.

Pisístrato, o primeiro dentre os tiranos, assumiu o poder na pólis ateniense e levou consigo vestígios de seu incitamento sociopolítico. Os pobres, camponeses, invisíveis e não mencionados, que o apoiaram durante a campanha política, adentraram na pólis com seus cultos misteriosos a divindades comumente honradas no ambiente da *khora* (zona rural). Esse movimento disseminou suas tratativas pouco convencionais e até mesmo sombrias.

O governo de Pisístrato reduziu as desigualdades entre os pobres e ricos em Atenas. A agricultura foi impulsionada e, do solo sagrado, as oliveiras brotaram aos montes, concedendo aos atenienses a abundância do azeite, fonte de riqueza e de sustento da vida. Dionísio se regozijava em êxtase e esplendor, e era representado em concursos e tragédias. Na modesta cidade de Elêusis, o santuário Telesterion começou a ser construído sob a ordem de Pisístrato; nele, se esconderá o mistério dos ritos sagrados de honra a Deméter e Perséfone.

As deusas vivem, resistem e permanecem cada vez mais soberanas, lembrando a todos que o destino final é sempre a terra e seus mistérios de morte e renascimento. Para o período arcaico, resta a curiosidade em notar que o hino, cuja narrativa discorre sobre o rapto de Perséfone, talvez fosse uma alegoria da crise econômica agrária e dos acontecimentos da época. Desse modo, o casamento entre Hades e Perséfone pode simbolizar a redução "forçada" de fronteiras entre a aristocracia (representada na figura de Perséfone como filha de Zeus e Deméter) e o povo do campo (representado na figura de Hades como um tirano, o parente distante e ressentido, líder dos mortos). O interesse de Sólon e Pisístrato na celebração dos ritos eleusinos nos evidencia o quanto os acontecimentos políticos e organizacionais eram intimamente ligados à natureza e ao estado de humor das divindades. Em um período de conflitos e polaridades entre fertilidade e miséria, um casamento mítico e sagrado entre uma donzela aristocrática e um tirano talvez fosse entendido como uma alegoria do reequilíbrio entre dois mundos completamente diferentes. A vida e a morte. Atribuir Hades a um sequestrador reforça a visão da aristocracia em relação às pessoas do campo. Sobre a imagem de Hades ligada aos camponeses no período da tirania e sua relação com os poemas atribuídos a Homero, o historiador Leandro Mendonça diz:

> Por este motivo, os deuses ctônicos — como o próprio Hades — não foram mencionados com a mesma frequência de, por exemplo, os deuses olímpicos. Aquiles, um membro da realeza, considera viver como um trabalhador campestre, possuidor de poucos recursos, algo melhor somente do que a própria morte. A monarquia palaciana de uma Grécia ainda em formação via no trabalho braçal, rural, algo extremamente penoso e indigno de reconhecimento. Homero, embora não se tenham registros de que fosse membro da monarquia, escrevia e recitava o pensamento predominante: e o pensamento predominante, em todas as etapas da história, é fruto de uma ideologização dos segmentos dominantes. A vida sofrida em que se encontravam os habitantes da *khora* quase seria comparada à dor da morte.[6]

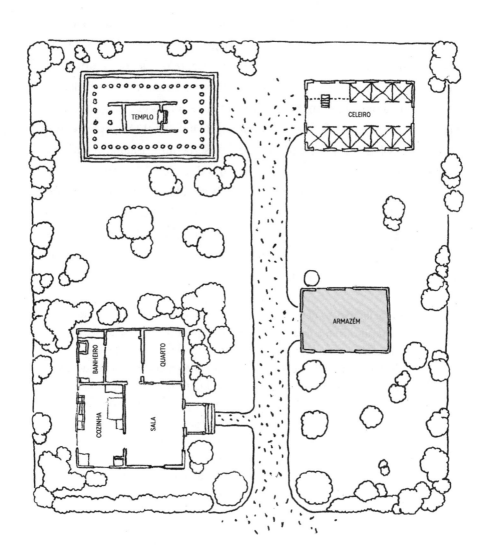

NA PROPRIEDADE DA RAINHA: UM CURIOSO ARMAZÉM

Ao longo das eras, Perséfone nos deixou alguns instrumentos mágicos como ferramentas de poder para alcançarmos a transformação pessoal. É claro que estes artefatos não fazem o trabalho sozinhos. É preciso invocação da força de vontade e do desejo da bruxa para que eles atuem como aparatos na jornada cíclica.

Os itens da deusa variam de sutis a dissimulados, e integram o dia a dia como se não tivessem uma alma de mais de dois mil anos envolvida em rituais antigos e festividades pagãs.

Aqui, você encontrará uma descrição breve de cada item. O objetivo de usar instrumentos ligados ao culto antigo é invocar a força ancestral de Perséfone e, ao mesmo tempo, explorar nossas habilidades mágicas autorais, customizando, criando sigilos e trazendo significado profundo a pequenos detalhes da vida. Ao trabalhar com os artefatos ligados a Perséfone, você terá acesso a novas informações ancestrais sobre o poder da deusa e como ela se manifesta na sua realidade espiritual e psíquica.

Cesta

De origem agrícola, as cestas de vime trançado sempre estiveram presentes na vida dos camponeses, e na Grécia Antiga eram utilizadas para a colheita de frutas. No entanto, a natureza deste item era muito dúbia, já que, em tempos pré-históricos, *cysta* era um baú de pedra ou de cascas de madeira, criado para servir de sepultura ou armazenamento de restos mortais, em que o cadáver era enterrado em posição fetal, tal qual uma semente.

Nos "ritos dos mistérios menores de Elêusis", as "*cystas* místicas", como eram chamadas, guardavam objetos sagrados do culto a Deméter e Perséfone. Elas representavam não só a colheita dos grãos mas também da alma dos iniciados, que renasciam a partir da purificação.

Você pode consagrar a Perséfone uma cesta ou caixa redonda e nela guardar objetos que marcam momentos únicos de conexão com a deusa. É também um objeto muito especial para ser usado em cerimônias de compromisso devocional.

Principal uso:	guardar o mistério; algo que não pode ser visto com frequência.
Atenção:	não deve ser utilizado para armazenar qualquer objeto que alimente obsessões.
Potencial:	guardar segredos devocionais e iniciáticos que não devem ser comunicados a ninguém, assim como orienta Perséfone; preservar coisas que só serão vividas entre você e a deusa.

Foice

Uma das principais ferramentas da agricultura, para os gregos a foice era o símbolo da transição entre as estações. Com a chegada da época de colheita, todos os camponeses partiam para o campo com suas foices e executavam o gesto símbolo da própria Perséfone: o corte de feixes de trigo e outros vegetais.

Para além de simbolizar a morte e a abundância da natureza, a foice representava a transmissão violenta de poder entre integrantes de uma família. Essa associação aconteceu desde que Cronos (o Tempo) foi presenteado por sua mãe, Gaia, com uma foice para que ele pudesse, enfim, derrotar o pai e tomar o poder.[1]

Quando um filho assumia como soberano da família, sua posição vinha com a morte ou envelhecimento do pai, por isso a maturação sempre esteve entrelaçada com a morte. Para homens e mulheres, era um processo que se iniciava no luto, fosse com a perda da figura símbolo do status social da família ou com o afastamento abrupto do ambiente familiar, no caso das jovens donzelas.

Na devoção a Perséfone, a foice é a representação da natureza essencial da deusa. Ela utiliza esse instrumento tanto para sustentar como para anunciar o fim, e este sempre vem acompanhado de uma promessa de renascimento. Se você se afastou de alguém, mas ainda sente as influências emocionais e espirituais dessa pessoa, faça um ritual de corte energético: visualize sua mão se transformando em uma foice afiada e invoque seu poder mortal para o feitiço. Ter uma foice pequena lhe garantirá magias de corte energético eficientes e poderosas.

> *Principal uso:* ceifar situações emocionais e espirituais.
> *Atenção:* não deve ser usado para infligir mal físico a pessoas.
> *Potencial:* ensinar a ter a maturidade e responsabilidade para saber quando ceifar situações danosas na vida; separar o joio do trigo; incitar a morte de padrões de comportamento.

Máscara

Um artefato pouco conhecido, mas presente na ritualística a Perséfone, são as máscaras bestiais e mortuárias. Representações animalescas, sobretudo de animais comuns da *khora*, as máscaras encontradas em Elêusis e na Arcádia buscavam trazer um sentido antropomórfico ao culto a Perséfone e Deméter. Animal e humano se fundiam, criando um elo indissociável entre a natureza selvagem e a mortal. Já as máscaras mortuárias se fizeram presentes em alguns locais de culto na Sicília e davam ênfase a Perséfone como rainha do submundo: elas possuíam feições assustadoras e procuravam retratar o horror sentido pelo falecido ao se deparar com a própria morte.

Na prática devocional a Perséfone, a máscara surge como uma incitadora do drama ritual. Seu uso facilita o processo de conexão com a nossa natureza selvática, nos permitindo colocar para fora o eu reprimido.

Principal uso:	soltar aspectos renegados e selvagens da nossa natureza.
Atenção:	se usada com frequência, pode ser dissociativa.
Potencial:	fazer com que você tenha mais consciência e percepção de sua sombra e de seus potenciais.

Moedas

Representação literal da riqueza material e prosperidade financeira, as moedas estavam presentes no culto a Perséfone em toda a região da Itália. Embora em tempos clássicos seu valor fosse mais poético do que de fato cambial, elas não deixavam de simbolizar o poder de influência comercial das deusas na vida mortal.

Na devoção a Perséfone, as moedas simbolizam o resgate do automerecimento e a lembrança de que a soberania acontece de dentro para fora. Ter moedas no altar evoca a prosperidade característica da deusa, que também se interessa pela manifestação tangível das riquezas produzidas no submundo. Depositar moedas em um baú ou jarro poderá trazer mais aterramento para sua prática devocional e a lembrará de aplicar o autoconhecimento de maneira palpável em sua realidade material. Assim, você irá compreender que cuidar de seus recursos é uma maneira de exercer autonomia.

Principal uso:	invocar o poder de riqueza e trazer aterramento.
Atenção:	em excesso, as moedas podem tornar o ambiente muito aterrado e dificultar experiências mais profundas ou imersivas no inconsciente.
Potencial:	propiciar viagens ao submundo e atuar como barganha espiritual com entidades.

Tocha

Várias divindades foram retratadas com tochas nas mãos. Porém, com cada uma delas, esse instrumento adquiria significados particulares relacionados à sua própria natureza. No caso de Perséfone, sua ligação com a tocha provém da narrativa do rapto: enquanto Deméter vagava na escuridão por nove dias segurando a tocha, Perséfone se encontrava imersa no submundo, enxergando uma realidade completamente diferente daquela com a qual estava habituada na superfície. Por isso, as tochas têm simbologias díspares: com Deméter, há a morte e o desespero para encontrar a filha. Já com Perséfone, existem a luz nas trevas e o espanto por ver aquilo que antes estava oculto.

A tocha foi um instrumento elementar para os ritos eleusinos — tanto que o Dadouchos (portador da tocha) era uma das figuras mais relevantes do templo. Ficava sob sua responsabilidade guiar os iniciados em meio à escuridão.

Na prática devocional a Perséfone, a tocha representa a consciência e o conhecimento sobre aspectos obscuros do nosso submundo. É uma luz na escuridão para nos guiar no caminho de descida e subida do reino de sombras, assim como também um símbolo da verdade e do espanto por estarmos cara a cara com medos pessoais. Nos seus rituais, use a vela para evocar a simbologia da tocha e esteja sempre preparada para revelações sobre si mesma e situações que apresentar a Perséfone.

Principal uso:	iluminar o caminho na escuridão; infundir luz nas sombras.
Atenção:	possibilidade grande de ver espíritos, ou sombras nada bonitas.
Potencial:	nos ajuda a encarar medos e seguir com mais coragem o caminho de conexão com Perséfone; a vela é uma guia na jornada de descida e subida.

Vaso

Um dos itens mais importantes para o culto a Perséfone eram os vasos. Conhecidos como *phitois*, dentre suas variadas utilidades a mais importante para os gregos era o armazenamento de grãos e cereais colhidos. Na época de plantio, vasos repletos de sementes eram desenterrados do subsolo; e as sementes, espalhadas pelos campos para o início de mais um ciclo de cultivo. Na Creta Minoica, foi observado o costume de enterrar crianças e bebês em vasos. Em Atenas, os vasos eram depositados próximo da lareira com sementes de papoula e trigo, simbolizando os falecidos da família.

Na devoção a Perséfone, o vaso é a representação do nosso corpo enquanto receptáculo da deusa. Você pode pintar vasos e neles adicionar sigilos, encantamentos e itens que demonstrem seu amor e interesse em sentir Perséfone lhe percorrer o corpo e o espírito. Solte a criatividade e crie suas fórmulas mágicas para que a deusa se manifeste através de seus sentidos.

Principal uso:	representar seu corpo ou o corpo de outra pessoa.
Atenção:	devido ao risco de quebra, mantenha-o em um lugar seguro.
Potencial:	imbuir e aflorar habilidades internas da bruxa, permitindo uma comunicação mais fluida com a deusa; consagração do corpo como templo.

PARTE 3

O RAPTO E O ESTUPRO NA GRÉCIA ANTIGA

Antes que o hino homérico tomasse forma em palavras, o rapto já fazia parte do cotidiano do povo grego, sendo uma demonstração de como o destino das mulheres foi transformado com o avanço do patriarcado. Os conflitos matrimoniais firmados em negociações de interesse político; o afastamento agressivo da jovem donzela de seu *génos* de origem; a inter-relação entre o campo e a aristocracia em meio à crise agrária, e tantas outras questões sociais deram forma ao mito de Perséfone, fazendo com que cada pólis o interpretasse à sua maneira.

A percepção sobre rapto e estupro na Grécia não era uniforme e igualitária em todos os locais, nem mesmo a aplicação da justiça nesses casos. As palavras para definir violência sexual eram geralmente *hybris* (insulto/indignação) e *bia* (violência), já que não havia um termo específico para definir violações como o estupro.[1]

Aquilo que os deuses praticavam e vivenciavam nos mitos nem sempre se estendia à vida dos mortais. Em caso de violência sexual ou rapto, os seres humanos eram punidos — alguns com a morte — pelos próprios deuses ou desonrados por seus pares. As escolhas divinas não abriam espaço nem mesmo na mitologia para que não se aplicasse corretamente a justiça.

Isso não significa que a violência praticada pelos deuses e deusas não tenha influenciado o comportamento dos homens gregos com as mulheres, mesmo que de uma forma inconsciente — e essa influência acontecia de formas variadas, desde a incitação à própria violência sexual até a contação de histórias sobre rapto para exemplificar mortes de donzelas que muito jovens haviam partido para o reino de Hades.

Também era comum utilizar o rapto como motivo para fugir de um casamento arranjado pela família, já que o matrimônio não escolhido pelo pai sempre esteve relacionado a fugas que sugerem cumplicidade entre o casal. No teatro ateniense, peças cujo tema girava em torno de rapto consentido eram populares. Em seu artigo "Raptos combinados: uma possibilidade de resistência feminina na Grécia Antiga", Sandra Ferreira, doutora em Arqueologia, discorre sobre a representação ambígua dos raptos na cena arqueológica, reafirmando a possibilidade de muitos desses eventos terem sido previamente acordados entre o casal.[2]

No caso de Perséfone, Homero deixou clara a recusa da deusa em ir com Hades e sua angústia ao ser raptada, embora o fim da narrativa levante suspeitas ao mostrar elementos muito comuns de supostos raptos combinados na cultura popular grega.

Figura 8 Nesta pintura feita em um vaso grego, Hades é retratado deitado em uma cama enquanto segura um prato na mão direita e uma cornucópia na esquerda — um gesto de oferenda a Perséfone. Com um sorriso ligeiramente malicioso, ela olha para o deus e segura uma romã nas mãos.

O rapto tornou-se tão diretamente ligado à passagem da solteirice para a vida conjugal que, no período clássico, em Esparta, era comum raptar a noiva em sinal de formalização do interesse no matrimônio. Embora recorrente, o sequestro era um tema culturalmente multifacetado, repleto de dualidades e conjecturas. O interesse dos gregos no assunto era nítido, já que a cena arqueológica não carece de representações de donzelas sendo raptadas.

De alguma forma, os deuses e as deusas foram incorporados a essa realidade antes de protagonizarem vinganças, rivalidades e violências em corpos mais humanos. Nas narrativas, os aspectos animistas foram ocultados, e os gregos deram aos deuses e deusas corporeidade e sentimentos humanos para aproximá-los de sua realidade. A essência primordial divina desapareceu, e só poderia ser alcançada com comunhão e religiosidade. Ocultar a semente divina, além de enxergar o mito como uma alegoria cheia de armadilhas, mistérios e confusões, produziu desde iniciações profundas até catarses através do drama e da teatralidade com que as histórias eram contadas. A natureza das deusas e deuses era descoberta por quem buscasse enxergar nas entrelinhas das histórias — e isso produzia uma necessidade de se debruçar nas narrativas, um sentimento coletivo de curiosidade e de suposições, um disse-me-disse que fundamentava o espírito do debate especulativo e o incentivo à mitologia como caminho de iniciação no divino.

Desta forma, ocorreu com Perséfone e seu mito, o qual, em tempos pré-homéricos, possuía raízes bem mais orgânicas. Ao longo das mudanças sociais e à medida que o patriarcado se desenvolvia, Perséfone foi adentrando nas tramas cada vez mais opressoras da realidade. Talvez a suposta autora do Hino a Deméter soubesse que, de fato, em tempos em que a única opção das mulheres era se casar, as "duas-deusas" teriam de ser inseridas nesse contexto em algum momento. Se tal inserção era necessária, então que fosse manifestada na fúria de Deméter (a mãe sempre bondosa) sobre toda a Terra e na filha adorável tornando-se uma rainha poderosa entre dois mundos. Além disso, em uma época em que o grão havia se tornado motivo para disputas e desigualdades sociais, fazia sentido criar uma narrativa que fundamentasse ritos sagrados às duas deusas — para apaziguar a raiva de Deméter e se curvar diante dos poderes de Perséfone, uma deusa imprevisível e ambígua.

Talvez a criadora do Hino, cuja autoria é atribuída a Homero, pudesse mesmo ser uma ardilosa poeta aristocrática determinada a vingar uma deusa, evidenciar outra e influenciar subjetivamente mulheres sem escolha alguma a encontrarem ferramentas de soberania mesmo em um cenário violentamente opressor. A historiadora Ann Suter afirma a possibilidade de uma mulher ter escrito o Hino a Deméter:

> A natureza "não homérica" da dicção e da ordem das palavras do Hino deve ser investigada mais detalhadamente. O treinamento de bardos na era Arcaica, sejam eles homens ou mulheres, é um assunto sobre o qual muito pouco trabalho foi feito. Talvez outros busquem essas possibilidades. Para o presente, voltemos a um fato incontestável: o Hino Homérico a Deméter não chegou até nós como obra de um homem. Não precisamos refutar isso. Chegou até nós como uma criação anônima. Da perspectiva desse ponto de partida, com o qual todos os estudiosos concordam, penso que não é de todo impossível que seja trabalho de mulheres. Na verdade, é até provável.[3]

Há, ainda, a possibilidade de a *Odisseia* ter sido escrita por uma mulher. Samuel Butler fundamenta essa tese em sua obra *The Authoress of the Odyssey* [A autora da Odisseia], de 1925, quando afirma que o escritor da *Ilíada* (um homem) não era o mesmo da *Odisseia* (uma mulher)[4]. Butler diz que a autora seria possivelmente uma jovem siciliana de Trapani que se inseriu na narrativa como a personagem Nausícaa: a bela jovem, filha do rei Alcínoo, que encontrou Ulisses naufragado próximo de onde ela brincava com outras jovens e lhe deu roupas e comida. Ulisses e Nausícaa pareceram criar um interesse mútuo, e ele chegou a compará-la a uma deusa, porém não desenvolveram uma relação afetiva. No entanto, segundo Aristóteles, anos mais tarde, o filho de Ulisses se casou com Nausícaa, e juntos tiveram um filho chamado Perseptóle. Sobre a hipótese de a *Odisseia* ter sido escrita por uma mulher, Butler diz:

> Foi só quando cheguei a Circe que me ocorreu que eu estava lendo a obra não de um velho, mas de uma jovem — e de alguém que não sabia muito mais do que eu sobre o que os homens podem e não podem fazer. [...] Gostaria de salientar que, quando nos recusamos a atribuir a *Odisseia* ao escritor da *Ilíada* (a quem devemos chamar apenas de Homero), ela se torna uma obra

anônima; e a primeira coisa que um crítico se propõe a fazer quando considera uma obra anônima é determinar o sexo do escritor. Isso, mesmo quando as mulheres estão se passando por homens, raramente é difícil — na verdade, é feito quase invariavelmente com sucesso, sempre que um trabalho anônimo é publicado. E quando alguém escreve com franqueza e espontaneidade, que são um encanto tão irresistível na *Odisseia*, não só não é difícil, mas extremamente fácil; a dificuldade só surgirá se o crítico for, como todos nós neste caso, dominado por uma opinião preconcebida profundamente enraizada, e se também houver alguma forte improbabilidade, a priori, na suposição de que o escritor era uma mulher. [...] Obras fenomenais implicam um trabalhador fenomenal, mas há mulheres fenomenais, assim como homens fenomenais, e embora haja muito na *Ilíada* que nenhuma mulher, por mais fenomenal que seja, possa ter escrito, não há uma linha na *Odisseia* que uma mulher não possa ter escrito perfeitamente bem, e há muita beleza que um homem quase certamente negligenciaria.[5]

Uma das justificativas de Butler se fundamenta no fato de que a *Ilíada* é extremamente bélica e sangrenta, com detalhes específicos de um cenário de guerra e conflito, predominantemente masculino, cujo autor sabia como descrevê-los. Já na *Odisseia*, as figuras femininas assumem protagonismo a partir da vulnerabilidade de Ulisses, que é resgatado por Nausícaa, torna-se refém dos poderes de Circe, precisa de Perséfone para saber como voltar para casa e deseja retornar para os braços de Penélope; toda e qualquer escolha vital de sua jornada envolve o protagonismo feminino. Além disso, a autora comete erros descritivos de elementos comuns à realidade masculina enquanto descreve com destreza detalhes sutis da vida cotidiana feminina.

Há muito o que especular sobre a origem de tudo o que é atribuído a Homero, pois ele mesmo continua sendo um mistério. O plausível é que, certamente, mais de um hino ou texto atribuídos a ele talvez pertençam a mulheres.

O que conhecemos por poemas homéricos é um conjunto de versos anônimos com características semelhantes de escrita no estilo épico. Para além dos poemas *Ilíada* e *Odisseia*, nos foi deixada a riqueza simbólica presente em uma coleção de 33 poemas, dois deles em honra a Deméter, datados da primeira metade do século 6.

Contudo, é certo o impacto imensurável que o hino dedicado a Deméter gerou entre os antigos gregos. As palavras da narrativa foram entoadas abertamente ao público e sentidas por todos, despertando a curiosidade sobre as lacunas presentes na história. Isso porque o mito evidencia explicitamente o rapto de Perséfone quando ainda era uma donzela ao mesmo tempo que deixa oculta a atuação das figuras envolvidas nessa tragédia. Nos espíritos dos curiosos e intrigados, restam sussurros de uma narrativa que, até hoje, desperta sentimentos de amor e ódio.

A cada leitura e descobertas sobre a formação desta história, o mito toma uma nova forma. Ele é vivo, se movimenta e atinge corações de várias maneiras; ele circunda nosso espírito e faz saltar aos nossos olhos detalhes que, de alguma forma íntima, falam das nossas próprias dores e amores. Ele é o corpo no qual Perséfone foi canalizada enquanto energia divina.

Muitos séculos depois, em 1777, o erudito Christian Friedrich Matthaei teria encontrado o documento em que estariam os versos que narram o rapto de Perséfone em um estábulo "entre porcos e frangos".[6] Os tempos mudaram, mas a essência agrária de Perséfone permanece: uma soberania orgânica e, por isso, em nada comparável a fetiches classistas e a uma etiqueta monárquica padronizada. Adentraremos agora nos detalhes do Hino a Deméter, o qual narra o rapto de Perséfone, e veremos que é bem longe dos caprichos e privilégios, mas somente nas vísceras, na morte e no revolver das nossas raízes, que é possível maturar a ponto de se tornar uma rainha do submundo.

INTERLÚDIO

HINO A DEMÉTER EXPLICADO

Sabe-se que o Hino Homérico a Deméter foi estruturado para ser recitado em voz alta, de forma teatral, em simpósios e representações dramáticas, sendo inclusive um norteador de celebrações dedicadas a Perséfone e Deméter. Destaco aqui os principais eventos do hino, traduzido pela doutora em estudos clássicos Maria Lúcia Gilli. Para fazer uma leitura imersiva, você pode untar uma vela vermelha com azeite ou óleo de rosas.

> Deméter de belos cabelos, augusta deusa, começo a cantar,
> e sua filha de finos tornozelos, que Edoneu
> raptou. Deu-a o gravitroante longividente
> Zeus, longe de Deméter de dourada espada de esplêndido fruto,
> 05 quando, no prado macio, com as filhas de fundos colos do Oceano,
> brincava de apanhar flores.[1]

No início da narrativa, Perséfone se encontra com as ninfas *okeanides* (oceânicas), entidades associadas à água doce que passaram a serem consideradas ninfas ligadas ao mar somente após o período clássico. As oceânicas têm relação direta com riachos, fontes e nascentes subterrâneas. Sendo assim, é provável que Perséfone esteja próxima de um lago. A paisagem descrita no início do hino revela um cenário típico de verão, em que Perséfone e as ninfas colhem as flores cuja simbologia oculta está ligada a sensações que permeiam o momento do rapto. A colheita de flores por jovens donzelas na Grécia Antiga era uma prática comum ligada à fertilidade. Intencionalmente sob as orientações de Zeus, Gaia faz nascer uma flor mística na forma de um narciso, e isso dá ao momento um caráter hipnótico, onírico:

> 15 Ela, então, maravilhada esticou juntas ambas as mãos
> para pegar o belo brinquedo. Abriu-se a terra de vasta via
> na planície de Nisa, por ali saiu o senhor Hóspede de muitos,
> filho de muitos nomes de Cronos, nos seus cavalos imortais.
> Tendo-a raptado contrariada para as douradas carruagens
> 20 conduzia-a gemendo. Ela, então, gritou alto com a voz
> chamando o Cronida, o pai supremo e melhor.

A flor é descrita como um brinquedo, e isso suscita uma armadilha e reforça a dissimulação da forma original do narciso. O local é revelado: a planície de Nisa. Associada a Dionísio, deus do vinho e do êxtase, é uma região mítica onde o deus foi criado pelas ninfas na infância. Encantada pelos efeitos da flor mágica, Perséfone se aproxima para apanhá-la, quando então um buraco surge na terra e Hades aparece com seus cavalos numa carruagem sombria. Perséfone tenta se desvencilhar de Hades, porém o deus a leva à força para a carruagem. Próximo do fim da narrativa, descobriremos que a deusa estava na companhia de Atena (deusa da justiça) e de Ártemis (deusa-flecheira e protetora das ninfas). O primeiro instinto de Perséfone é gritar por seu pai, Zeus, o orquestrador do delito. Tal comportamento ressalta a importância da figura paterna como principal responsável e protetor da família. Ao gritar por Zeus, Hékate a escuta de sua caverna, assim como Hélio, o deus Sol.

> 30 O tio paterno, Comandante de muitos seres, Hóspede de muitos,
> filho de muitos nomes
> de Cronos, conduzia-a contrariada
> nos seus cavalos imortais por instigações de Zeus.

O narrador conclui a cena do rapto reafirmando que Hades conduz Perséfone à força para a carruagem por "instigações" de Zeus. Esse reforço na influência de Zeus nos faz questionar como estariam o semblante e o humor de Hades ao raptar a filha de uma das deusas mais importantes entre deuses e mortais.

O incitamento de Zeus sugere uma necessidade de indução; talvez isso queira dizer que Hades não está interessando nem em se deslocar para o rapto nem em se envolver em artimanhas entre os de "cima". Isso porque, nas narrativas mitológicas, ele demonstra pouco interesse e envolvimento com as divindades.

Assim como afirmam os primeiros versos, Perséfone é dada de "presente" — um presente talvez irrecusável por ter vindo de Zeus, unicamente interessado em controlar o poder de Hades ao casá-lo com Perséfone. Hades é a representação nítida de um parente distante e poderoso, embora pouco influente, considerado suspeito. Em tempos arcaicos, numa realidade política e humana, vimos que alguém assim poderia se tornar o tirano renegado e reivindicar o poder através do apoio dos invisibilizados. No caso de Hades, estes seriam os mortos, e isso influenciaria completamente o reinado de Zeus, líder da família.

Conceder Perséfone a Hades sem que necessariamente ele queira se casar é algo possível por ambos pertencerem à mesma família — em períodos arcaicos, o *pater* definia a vida de todos os parentes. Sendo assim, por hierarquia, Zeus detinha poder de influenciar o destino não só de Perséfone mas também de Hades. Ele era o "mandachuva". Esse casamento poderia ser uma forma de criar um elo com o submundo e conceder a Hades um "privilégio" a fim de apaziguar qualquer intenção de revolta. Levando em conta que as narrativas do período clássico já eram entoadas na tradição oral, é muito possível que essa tenha sido uma história real mesclada ao divino, tornando-se popular ao narrar um casamento conflituoso entre uma jovem da aristocracia e um parente distante — uma trama envolvendo raptos e segredos de algum agrupamento familiar poderoso.

> 40 Dor aguda então tomou-lhe [de Deméter] o coração. Com as mãos,
> arrancou a mantilha ao redor dos cabelos imortais e
> lançou sobre ambos os ombros um escuro véu,
> e, atirou-se, como um pássaro, sobre o sólido e sobre o líquido
> procurando-a. Ninguém queria contar-lhe a verdade,
> 45 nem dentre os deuses, nem dentre os homens mortais,
> e nem dentre os pássaros um verdadeiro mensageiro veio até ela.

Deméter, revoltada, assume de imediato seu luto ao vestir uma manta preta. Ninguém quer lhe contar a verdade, ou seja, dá-se a entender que deuses e mortais já sabiam do rapto; mesmo sabendo, com certeza não contariam a

Deméter por medo de Zeus. Por nove dias, Deméter vaga em busca da filha, não se alimenta, nem se arruma ou toma banho, assim como os costumes fúnebres de parentes enlutados nos primeiros três dias após a morte. Somente dez dias depois do ocorrido, Hékate decide lhe avisar que ouviu Perséfone sendo raptada.

Deméter responde com o silêncio, demonstrando sua decepção. Por qual razão Hékate demorou tanto para avisá-la? Talvez tenha esperado nove dias para se certificar de que Perséfone teria chegado ao submundo. Hékate e Deméter vão até Hélio, e esta exige dele fidelidade, implorando para que o deus lhe informe quem foi o responsável por sequestrar Perséfone.

> Nenhum outro
> é o responsável dentre os imortais, a não ser o agrega-nuvens Zeus,
> que a deu ao Hades para ser chamada jovem esposa
> Vamos, deusa, faze parar o teu grande lamento. Nenhum pouco é preciso
> [que tu
> em vão tenhas imensa cólera como essa. Não é para ti genro
> [inconveniente,
> entre os imortais, o comandante de muitos seres, Edoneu,
> 85   teu próprio irmão e do mesmo sangue. Por sua honra
> coube-lhe sua parte quando no princípio em três a partilha foi feita.
> Ele habita entre aqueles a quem coube-lhe ser o soberano.

Hélio enfim diz à deusa o que aconteceu: Zeus é o único responsável pelo rapto, e ainda o chama de agrega-nuvens (causador de tempestades/ confusões). Hélio tenta tranquilizar Deméter e reafirmar que Hades é parente distinto e honroso da família. Ao citar a partilha, Hélio se refere à divisão feita após a guerra da Titanomaquia, quando Zeus tornou-se detentor dos céus; Poseidon, dos mares; e Hades, do submundo.

Quando o deus Sol aponta Zeus como protagonista do delito, pondera-se que o casamento arranjado seja uma tentativa de "compensar" Hades pela divisão, como se Zeus tentasse gerenciar uma possível mágoa sem fundamento, pois não era comum Hades ser visto como um deus ressentido ou incomodado com a herança do submundo.

Zeus talvez tenha arquitetado o rapto devido a mais uma de suas obsessões quanto a ser destronado. Hélio reforça a despreocupação de Hades ao caracterizá-lo como não inconveniente, característica repetida pelo próprio deus do submundo, deixando clara a falta de interesse em interferir na dinâmica mãe-filha futuramente.

O ânimo de Deméter é "terrível" e revela a raiva que a deusa sente de Zeus. É assim que ela se afasta do Olimpo: transformando-se em uma velha e habitando entre os mortais. Vagando por meses pela terra, Deméter chega até a perfumada cidade de Elêusis.

A deusa senta-se perto do poço conhecido como *kallichoron*, onde oferendas são deixadas para ela. Um pé de oliveira cresce ali, representando a força de Deméter — uma homenagem ao espírito da mãe que luta incessantemente pelo retorno da filha, uma analogia à resistência diante do luto, pois a oliveira é uma árvore longeva que resistente a rigorosos invernos. A aparência de Deméter é comparada à de uma ama-coroa de Afrodite, tendo aspecto de nutridora de filhos de grandes e poderosos reis.

É então que quatro donzelas filhas de Celeu, rei de Elêusis, se aproximam para buscar água no poço e avistam a velha, questionando-lhe com gentileza quem ela é e de onde vem. Considerando receptiva a pergunta, Deméter lhes conta a verdade: ela saiu forçada de Creta e foi levada em um barco por piratas:

> Filhas queridas, quem quer que sejais dentre as mais femininas mulheres,
> 120   eu vos contarei, alegrai-vos. Não é por certo inconveniente
> para vós que perguntastes a verdade contar.
> Dós é meu nome. Pois colocou-o minha soberana mãe.
> Agora há pouco, de Creta, sobre as vastas costas do mar
> eu vim não querendo, pela força e contrariada, com coerção
> 125   homens piratas me levaram. [...]

A localização de Deméter antes do sequestro reafirma a possibilidade de a deusa ser de origem cretense e minoica. Tal citação fez com que os cretenses revogassem os ritos sagrados celebrados em Elêusis sob afirmação de que estes eram originários de Creta, sendo Deméter uma deusa reminiscente da região.

A deusa segue contando sua jornada até chegar em Elêusis, oferecendo então seus serviços como ama-nutriz, o que reforça a saudade e a necessidade de reencontrar a filha: cuidar de uma criança talvez aplaque a ausência de Perséfone e console seu instinto de maternidade.

Uma das jovens chamada Calitoé consola Deméter, afirmando que as rainhas de Elêusis a receberão em seus palácios, pois a velha é semelhante aos deuses.

Dessa maneira, Calitoé se oferece para ir até o pai e perguntar se poderiam receber Deméter no palácio dele. A ideia é que ela cuide de um bebê recém-nascido: irmão das jovens e filho da rainha Metaneira. A deusa aceita a possibilidade:

> Então elas como as corças ou as novilhas na estação da primavera
> 175 saltam no prado após saciarem suas entranhas na pastagem,
> assim elas erguendo as pregas das vestes sedutoras
> precipitaram-se ao longo do cavado caminho, os seus cabelos
> balançavam ao redor dos ombros iguais à flor do açafrão.

As meninas saem correndo, mas voltam bem depressa com a aprovação da mãe, que precisa muito de ajuda com a criança. Sutis e simbólicos detalhes podem nos revelar uma mudança progressiva das estações: as filhas de Celeu são referenciadas como corças na primavera, como se não fosse essa a estação. Seus cabelos comparados ao açafrão talvez façam referência ao fim do outono, momento do desabrochar da flor, e isso significa que, em breve, começará o período mais frio do ano. A flor de açafrão é a mais citada no hino: quatro vezes. Com isso, nos recordarmos de sua importância no culto a Deméter e Perséfone e naturalmente nos conectamos à reminiscência minoica das duas. A caminho do palácio, Deméter esconde os pés abaixo do seu manto, estes eram um sinônimo de beleza na Grécia antiga e certamente ela seria descoberta caso vissem seus pés divinos. Ao subir as escadas do palácio, a deusa os expõe brevemente, fazendo com que uma luz e atmosfera espiritual cause deslumbramento na rainha Metaneira.

> 190 A veneração, o temor e o pálido horror tomou Metaneira.
> Cedeu-lhe seu divã e a sentar-se a exortava.

Metaneira oferece-lhe seu divã brilhante de material provavelmente raro, com certeza ouro ou algo do tipo, mas Deméter não aceita sentar-se. Quando a criada lhe oferece um banco, bem mais simples que um divã, e por cima dele coloca a lã, a deusa aceita e se enrola num xale. Com essa atitude, ela anuncia precisar de acolhimento e conforto, não de regalias; a lã, o xale e a atitude de uma Deméter enlutada confirmam um cenário típico de outono.

A criada Iambé, que é interpretada como a deusa Baubo, em meio ao luto faz um gesto obsceno, e Deméter sorri em meio à dor.

A rainha oferece então vinho à Deméter, que nega e pede uma bebida de cevada (que pode ter sido *kykeon* e que foi reproduzida nos ritos eleusinos). Em sua composição, talvez houvesse substâncias alucinógenas por influência da papoula, planta presente na cerimônia e popular em aplacar a dor do luto de Deméter.

Consolando a velha, Metaneira promete que, caso ela nutra o recém-nascido e ele chegue à juventude, ela seria invejada por seus trabalhos como cuidadora. Deméter aceita de bom grado a oferta e se compromete a cuidar e nutrir a criança:

> 235 [...] Ele crescia igual a um deus,
> não comendo pão, nem mamando. Deméter
> ungia-o com ambrosia como se fosse nascido de um deus,
> e docemente o assoprava enquanto em seu colo o mantinha.

Deméter se responsabiliza por cuidar da criança de nome Demofonte; curiosamente, é o nome do artista das esculturas de Deméter e Perséfone na Arcádia, e isso talvez tenha alguma ligação com os mistérios arcadianos. Durante a noite, a deusa infunde a criança no fogo, dando a esse ato característica alquímica: uma transformação da matéria em seu primeiro estágio para que ele saia do estado de chumbo e inicie a operação alquímica a fim de se tornar ouro (um semideus). Em uma noite, Metaneira avista a velha infundindo a criança no fogo e grita desesperada.

Deméter tira a criança do fogo e a coloca no chão. Depois, dirige-se sob cólera terrível a Metaneira, pronunciando as seguintes palavras:

> Homens néscios e insensatos que não prever conseguem
> seu destino, nem bom nem mau quando se aproxima.
> Também tu por tua demência erras grandemente.
> Atesto pois a jura dos deuses, amargosa água do Stix.
> 260 Imortal por certo e para sempre sem velhice
> faria o filho teu, dando-lhe imperecível honra.
> Agora, não há como possa fugir dos infortúnios e da morte.

Extremamente enraivecida, Deméter lança uma praga nos eleusinos e em suas próximas gerações, condenando-os em nome do rio Stix do submundo (o rio do ódio). Qualquer que seja a promessa feita nesse rio, jamais poderá ser quebrada. Sendo assim, ela os condena para sempre.

A deusa se revela como Deméter e ordena que o templo seja construído para que ela os ensine ritos para lhe aplacar a fúria. Aqui, Deméter dá o teor e o caráter das celebrações eleusinas: o templo e os ritos são instituídos para validar a raiva e a revolta da mãe diante da perda da filha. Após seu pronunciamento, o palácio é tomado por um clarão, como de um relâmpago, e a deusa surge com seus cabelos louros de maneira arrebatadora, perfumada e reluzente. Metaneira e as meninas se veem espantadas.

Temerosas, elas passam a noite bajulando Deméter. Pela manhã, a ordem chega ao rei Celeu, que movimenta toda a cidade de Elêusis para construir o templo em honra a Deméter. Sem demora, o templo é construído exatamente como a deusa queria. Terminada a obra, todos retornam para seus lares, e enfim a deusa se vê diante de seu grandioso templo:

> [...] Porém, a loura Deméter
> ali sentando-se, longe de todos os bem-aventurados,
> permanecia consumindo-se com saudade da filha de funda cintura.

Anuncia-se o inverno da alma quando a deusa se encerra no templo e cai em depressão profunda. É possível comparar o acontecimento às sensações mais intensas que acompanham a jornada de enfrentamento do luto. Deméter, encerrada no templo escuro, é a máxima representação do luto materno das antigas mães que tinham abruptamente perdido suas filhas, seja para um casamento arranjado, seja para a morte precoce. Sendo uma deusa e, portanto, uma força anímica, suas emoções influenciam completamente a natureza. É dessa forma que intencionalmente Deméter seca qualquer fruto da terra e infunde os mortais em tempos de escuridão sob um inverno rigoroso — este toma a terra e faz com que a miséria vegetativa reine. Assim, os deuses deixarão de ser louvados, pois entende-se que eles se esqueceram de seus filhos mortais. Deméter protesta, revolta-se e usa seus recursos para lembrar a todos de que nela reside o poder de dar abundância e retirá-la.

310   Ela teria completamente aniquilado a raça dos homens mortais
pela fome penosa, e teria privado os que têm o palácio Olímpio
da honra muito gloriosa dos privilégios e dos sacrifícios,
se Zeus não compreendesse e refletisse em seu ânimo.

O complexo patriarcal de Zeus é afetado quando ele nota não ser mais vangloriado como antes. Aparentemente, não foi algo percebido de primeira "se Zeus não compreendesse e refletisse em seu ânimo". É como se lentamente ele fosse percebendo mudanças notórias no ambiente, como a transição entre outono e inverno. Tal informação reafirma que, embora Zeus tenha planejado dar Perséfone a Hades, ele não esperava que Deméter protestaria àquele ponto. Com certeza, o deus estava convencido de que ela choraria um tanto e lidaria com a perda assim como as mulheres e mães naquela época.

Zeus perde o controle sobre a situação criada por ele mesmo e, portanto, terceiriza a resolução dos problemas: envia todos os deuses para convencer Deméter com regalias, mas a deusa se mostra inconsolável. A solução de Zeus é recorrer ao mensageiro Hermes, pedindo para que ele persuadisse Hades, com gentileza, a levar Perséfone de volta à mãe. Tal atitude extrema ultrapassou todas as expectativas de Zeus, pois se o plano inicial era apaziguar o possível espírito ressentido de Hades lhe concedendo Perséfone como esposa, pedi-la de volta devido a um luto materno era algo inconcebível. Por isso, a necessidade de que Hermes falasse manso com Hades:

340   Hermes não desobedeceu. De um golpe arremessou-se sob o covil
                                                         [da terra
      com impetuosidade, depois de deixar a sede do Olimpo.
      Encontrou o senhor da casa, no interior dela, estando
      deitado no leito com a veneranda esposa, que agia
      muito contrariada com saudade da mãe. Ela, contra as intoleráveis
345   ações dos deuses bem-aventurados, tramava terrível plano.

Hermes desce ao submundo adentrando na "casa", como é chamada a morada do rei; isso reforça a percepção do reino de Hades como uma paisagem imponente, mas ruralizada e pastoral. Ele segue até o leito onde estão Hades e Perséfone. O adjetivo "veneranda" — digna de veneração

— para qualificar "esposa" mostra bajulação por parte de Hades enquanto Perséfone parece irredutível com saudades da mãe; afinal, se a deusa foi raptada no verão, ela estaria há quase seis meses no submundo. É daí que surge a crença de que ela comeu seis sementes de romã, embora a informação não apareça no hino. Perséfone, talvez, esteja maquinando um plano para vingar seu rapto. Ela era conhecida e adjetivada como mãe das Erínias (vinganças), portanto planejar algo contra os deuses sugere vingança não só pelo esquema de Zeus mas também pelo comportamento de Hades.

> [diz Hermes:] Zeus pai mandou que eu conduza a nobre Perséfone
> do Érebo para eles, a fim de que sua mãe, vendo-a
> 350 com os próprios olhos, faça parar a cólera e o ressentimento terrível
> contra os imortais.

Hermes, seguindo os conselhos de Zeus, parece tranquilo ao falar com Hades e explicar a situação. A isso, Hades responde:

> Assim falava. Edoneu, senhor dos mortos, sorriu com as sobrancelhas,
> e não desobedeceu às ordens de Zeus rei.
> E com impetuosidade ordenou à prudente Perséfone:
> 360 Vai, Perséfone, para junto de tua mãe de escuro manto,
> mantendo em teu peito furor e ânimo favorável,
> e nem um pouco te apavores muito excessivamente em vão.
> Não serei para ti entre os imortais inconveniente esposo,
> eu que sou o próprio irmão de Zeus pai. Quando aqui estiveres,
> 365 serás a senhora de todos quantos vivem e se movem,
> e terás entre os imortais as maiores honras.
> Sempre haverá castigo aos que te injustiçarem;
> aos que não apaziguarem teu furor com sacrifícios
> santamente celebrando-te, fazendo-te as oferendas apropriadas.

A expressão de Hades é descrita como contendo um sorriso oculto que sugere confiança: ele sabe de algo que o resguardará. Com veemência, Hades diz que Perséfone pode se juntar à mãe enlutada e, numa tentativa de consolo, comenta que a deusa não precisa se apavorar. Mas por qual razão

Perséfone estaria apavorada? O que eles conversaram antes para que Hades sugerisse o apavoramento? Perséfone estaria com medo de perder seu posto como rainha? Ou seria um motivo mais oculto? Nas palavras de Hades, reside a garantia de que a deusa não perderá as honrarias no submundo.

Hades faz questão de usar epítetos ao ressaltar qualidades e domínios de Perséfone, e isso sugere que a deusa passou por uma iniciação no submundo. O deus repete as palavras de Hélio ao se referir a si mesmo como não inconveniente no que diz respeito a impedir sua esposa de ver a mãe. Hades também repete as palavras furiosas de Deméter para os eleusinos, afirmando que Perséfone, enquanto rainha do submundo, será celebrada santamente para apaziguar seus ânimos. Saberia Hades dos ritos vindouros que seriam preparados para mãe e filha?

> 370 Assim falava. A prudentíssima Perséfone exultou,
> e rapidamente pulou de contente. Mas ele,
> escondido, deu-lhe para comer um grão de romã doce como o mel,
> depois de espreitar ao seu redor, a fim de que ela não permanecesse
> [para sempre
> lá junto da veneranda Deméter de escuro manto.

A deusa se anima e, logo em seguida, o segredo vem à tona, confirmando a confiança do deus dos mortos ao erguer das sobrancelhas: Hades, talvez escondido de Hermes, deu a Perséfone um grão de romã. Fica, desse modo, a hipótese de que o alimento "doce como o mel" tenha o sabor ligado à soberania da abelha, ao poder, à fertilidade oculta e ao desejo. É, sem dúvida, uma oferta baseada numa aliança e casamento sexual. A romã é um fruto levemente azedo e cítrico, e evidenciar o sabor doce é curioso. Doce é suave, agradável e meloso — e, associado ao mel, traz uma irresistibilidade à narrativa.

Hades, segundo o narrador, deu o grão de romã depois de espreitar Perséfone. É possível pensar que Hades a espionava, investigava seus movimentos e lhe avaliava o comportamento ou postura. Talvez o deus tenha lhe presenteado com o grão e a possibilidade de escolha: comê-lo ou não. Não nos é informado, porém, se Perséfone o consumiu.

No entanto, as sobrancelhas erguidas de Hades podem ser a certeza de que Perséfone comeu o grão. Podemos pensar em uma intimidade entre eles não baseada em estupro. Isso porque, em outros momentos, o narrador descreve, com muita veemência e sem preocupação, atos violentos; por exemplo, as ações do rapto e as falas de Deméter. A romã ser "doce como o mel" sugere consentimento na relação.

A romã é uma fruta ligada à fertilidade, seu corpo avantajado representa o útero e as diversas sementes simbolizam a fecundação masculina. Acredita-se que Hades tenha fecundado Perséfone, mas, por ser infértil, a deusa não gestou vida, e isso deu origem à crença de que a fruta seria um método contraceptivo. A crença não foi disseminada por toda a Grécia e Itália. Mesmo assim, a romã sempre esteve ligada à fertilidade sexual, e estudos recentes mostram que as sementes contribuem com o aumento de produção de espermatozoides.

Se Hades deu um único grão de romã a Perséfone, talvez ele tenha engravidado a deusa. Estaria Perséfone gestando uma criança sagrada e símbolo do elo entre a vida e a morte? Talvez, por isso, a deusa pudesse estar apavorada em relação ao futuro? Pois nem ela, nem Hades ou mesmo o povo helênico achava isso provável. Há diversas especulações de que a celebração dos mistérios eleusinos — diretamente ligados a esse hino anônimo — faz alusão ao nascimento de uma criança sagrada. Segundo Walter Burkert:

> Então o hierofante anuncia um nascimento divino: a Senhora deu à luz um menino sagrado, Brimo, o Brimos. Por fim, exibe em silêncio a espiga cortada. A pergunta sobre quem era o menino e quem era sua mãe parece ter sido respondida de maneiras diferentes: ou Iakchos-Dionysos, filho de Perséfone, ou Plutos, Riqueza, filho de Deméter. A riqueza propriamente dita é o produto da colheita do milho que elimina a pobreza e a fome. Pinturas em vasos do século IV mostram um menino com um chifre da fartura entre as deusas de Elêusis, cercado em um caso por espigas de milho brotando – Plutão personificado.[2]

Brimo é um epíteto atribuído tanto a Perséfone quanto a Deméter e significa "furiosa/que ruge alto". O menino com chifre remete a Zagreus, conhecido como "criança chifruda", e o epíteto órfico "cornígera/com chifres" acompanha Perséfone. Não é descartada a possibilidade de a deusa ter subido grávida do submundo e de o único grão de romã estar se desenvolvendo em seu ventre, mesmo no cenário mórbido do submundo. A gravidez pegaria de surpresa os deuses e os mortais porque Hades era considerado infértil — e representaria a esperança da vida mesmo na morte (reencarnação da alma), coisa muito bem simbolizada por Dionísio através de suas reencarnações. Talvez fosse essa a preocupação de Perséfone: o futuro da criança. Preocupação justificável, já que, nas crenças órficas, Zagreus acaba esquartejado pelos titãs.

Hades, então, parte com Hermes para Elêusis na carruagem, levando Perséfone de volta para a mãe.

Ao deixar a deusa em frente ao templo, Deméter os avista, mas, antes de abraçar Perséfone, uma pausa dramática ocorre. A mãe pergunta se a filha comeu algo no submundo, pois, caso não, ela ficaria com Deméter e com Zeus — é, talvez, uma promessa infundada, pelo deus ter sido o provocador de tudo; mesmo assim, parece ser um recurso desesperado e idílico da mãe. Caso tivesse comido, ela moraria uma parte do ano no submundo (outono e inverno são citados como se fossem contrastes da mesma estação) e as outras duas, na superfície (primavera/verão).

Deméter conclui a pergunta sugerindo que a deusa fora enganada de propósito por Hades. É inconcebível para Deméter que Perséfone tenha feito qualquer coisa por vontade própria no submundo. A pergunta parece ser feita enquanto Hades e Hermes estão presentes na cena, já que o narrador descreve com maestria a entrada e a saída dos personagens em muitas cenas, diferentemente desse trecho. No momento da pergunta, é possível que Deméter olhe com reprovação para Hades, portanto o deus talvez esteja convencido de que Perséfone contará sua escolha, mas não é o que acontece:

405 Por sua vez a belíssima Perséfone em sua face falou:
Pois bem mãe eu te direi a verdade toda:
Quando o benfazejo Hermes rápido mensageiro
veio de junto do pai Cronida e dos outros filhos do Céu
para me tirar do Êrebo, a fim de que tu vendo-me com teus olhos
410 pusesse fim à cólera e ao ressentimento terrível contra os imortais,
logo eu pulei de contente. Mas ele, escondido,
lançou-me um grão de romã, alimento doce como o mel, e
contrariada e à força coagiu-me a comê-lo.

A partir disso, Perséfone executa sua justiça e vingança contra o rapto promovido por Hades, pois, diferentemente do que nos conta o narrador, a deusa usa outras palavras para se referir à romã: ela diz a Deméter não que Hades lhe deu o fruto, mas que o lançou para ela, e também acusa o deus de coagir e forçá-la a comê-lo. Perséfone profere as mesmas palavras do narrador quando este discorre sobre o rapto, e isso demonstra o rancor da deusa ou sua lembrança do sequestro. Além disso, "doce como o mel" aparece mais uma vez, trazendo certa ambiguidade à narrativa.

A partir da vingança e justiça de Perséfone, a imagem dele ficará ligada não a uma oferta acompanhada da nectárea romã comida pela deusa por escolha própria, mas sim à oferta de um raptor e, por tal distorção dos fatos apresentados pelo narrador, de um estuprador perverso e perturbador. Veem-se nessa resposta muitas qualidades atribuídas a Perséfone em seu culto na Grécia Antiga.

Ela é a executora da justiça na sua face (*praxídikê*) e mãe das três vinganças: Megera (Rancor), Tisífone (Castigo) e Alecto (Inominável). Megera, sobretudo, é o rancor gerado por delitos e conflitos matrimoniais. A astúcia e o senso de vingança de Perséfone em relação a Hades são ressaltados quando a deusa, numa tentativa de desviar o foco da situação em si, começa a responder coisas que sua mãe não lhe perguntou. É a partir daí que suas afirmações sobre Hades ficam cada vez mais ambíguas e suspeitas, como se a deusa quisesse anuviar o ânimo da mãe.

Perséfone explica que a campina era sedutora, citando 21 ninfas em sua companhia. Ao fim, ela nomeia as duas principais: Atena, estimuladora do combate, e Ártemis, a flecheira. É como se a deusa evidenciasse a proteção, talvez para reafirmar que estava "segura". Perséfone também menciona seis flores cujas características estão muito ligadas ao apaixonamento e ainda informa que a flor mística disfarçada como flor de açafrão no momento do rapto era um narciso.

Sendo o narciso uma flor ligada ao "ego" e à libido narcísica, talvez signifique que o rapto não tenha sido uma fatalidade, mas que a atração de Perséfone pela flor tenha ocorrido por desejo próprio, ou seja, ela estava consciente de seu interesse e libido pelo narciso. A deusa foi atraída pela necessidade de se descobrir enquanto indivíduo, como se o momento representasse o reflexo do que ela poderia se tornar. O rapto é uma interessante analogia do impulso de Perséfone irrompendo do inconsciente.

> Assim o dia inteiro (mãe e filha) mantendo o ânimo concorde
> 435 uma alegrava o coração e o ânimo da outra completamente,
> cercando-se de afeto, e o ânimo delas parou de doer,
> pois recebiam e davam uma para outra grandes alegrias.
> Perto delas veio Hécate de clara mantilha,
> e então cercou a filha da pura Deméter de muito afeto.
> 440 Desde então (essa) senhora fez-se sua servidora e companheira.

A explicação extensa e exagerada desvia o foco da pergunta de Deméter respondida desde o início, e assim as duas passam o resto do dia felizes e se divertindo. Hékate surge na cena sendo referenciada como governanta e amiga de Perséfone — a deusa reaparecer somente no final nos faz pensar: onde estava Hékate esse tempo todo? Talvez no submundo, como contribuinte iniciadora de Perséfone.

Réia, mãe de Deméter, de Zeus e de Hades, surge e incentiva a filha a reestabelecer o equilíbrio da terra. Deméter reestabelece os campos, e o trigo e as flores voltam a crescer; as estações refletem o ânimo da deusa.

> 490 Vamos vós que tendes a região perfumada de Elêusis
> e Paros banhada ao redor e Antrona pedregosa,
> tu, Déo, soberana de esplêndidos dons, senhora que trazes as estações,
> e tua filha, belíssima Perséfone,
> de boa vontade, em troca do meu canto, dai-me vida aprazível.
> 495 Depois eu me lembrarei de ti e de outro canto.

A narrativa é concluída com a promessa de que a riqueza e a prosperidade serão enviadas até a casa daqueles que são devotos das deusas e dedicam a elas seu afeto. O hino demarca uma tríade sagrada, fazendo com que percebamos Deméter enquanto força impulsionadora das estações a partir da integração entre Perséfone (a semente da deusa) e Hades (a fertilidade oculta da terra). As três divindades formam a sustentação básica da nossa existência e reafirmam a ligação do hino com as estações da natureza e os mistérios agrícolas de colheita e plantio.

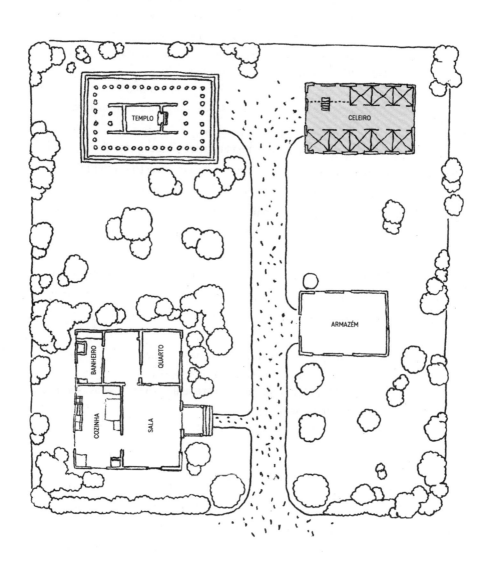

NA PROPRIEDADE DA RAINHA: O CELEIRO

Séculos atrás, alguns animais faziam parte dos ritos agrários a Perséfone. As histórias que povoaram o imaginário dos antigos gregos sobre a deusa envolviam transmutações animalescas, ritos carregados de sacrifícios sangrentos, danças e interações com bichos do ambiente rural. Embora alguns pareçam inofensivos, todos eles de alguma forma são arredios à mínima tentativa de opressão.

Nos tempos antigos, poderiam ser vistos durante a noite nos campos de milho, acompanhados dos devotos da deusa da transformação e em torno da fogueira, onde em breve esses animais queimariam para se encontrar com Perséfone nas profundezas do submundo. O sangue que molhava a terra, enchia a taça da rainha e matava a sede dos espíritos daqueles que já haviam partido.

Ao longo do tempo, sobretudo com o firmamento do cristianismo na Europa, alguns animais adquiriram um caráter demoníaco; já outros carregavam uma ambiguidade suspeita, típica de Perséfone. O espírito de cada animal de poder ainda hoje pode ser invocado para os rituais e feitiços com a deusa.

Abelha

As abelhas eram uma das representações mais comuns associadas a Perséfone, justamente por serem intimamente ligadas à polinização das flores na primavera. Também se faziam presentes na necromancia e na arte ligada ao mundo dos mortos. Desde o culto na Creta Minoica, representavam os espíritos: era comum vê-las saindo da carcaça de animais — além de serem conhecidas por habitar cavernas escuras. Em rituais de necromancia, não raras vezes o fantasma aparecia como um enxame de abelhas.

O mel era utilizado para uma série de finalidades alimentícias e ritualísticas. Aos fantasmas, para lhes amansar a alma, oferecia-se uma mistura chamada *melikatron*, leite e mel. Os cadáveres eram geralmente embalsamados e conservados em mel.[1]

Diferentemente dos tempos ancestrais, no entanto, hoje as abelhas correm risco de extinção devido ao uso de agrotóxicos e à produção em grande escala do mel, o que traria danos desastrosos e irreversíveis para a humanidade. Por isso, para garantir a existência de um dos principais símbolos da deusa, você pode participar de campanhas de proteção às abelhas ou tê-las representadas em itens ritualísticos. O apoio à sobrevivência destes seres vivos tão importantes para Perséfone com certeza é percebido como um gesto devocional. A retribuição da deusa é nos conceder em vida tudo aquilo que as abelhas e o mel representam: prosperidade, criatividade, nobreza e fertilidade.

Chamando a abelha: ervas com flores, plantas aromáticas, flores claras, perfumes naturais no ambiente espiritual (fumo afasta o espírito das abelhas).

Cabra

A cabra está conectada a Perséfone por sua ligação com Ártemis Agrotera. Reverenciada no mesmo templo que Perséfone em Lycosura como símbolo da vida selvagem e da proteção, Ártemis Agrotera era a deusa da caça selvagem nos mistérios realizados na Arcádia. Associada a danças bestiais ligadas aos mistérios das três deusas, a cabra era um dos animais popularmente sacrificados para Deméter, Perséfone e Ártemis.

Por estar intimamente ligado ao ambiente periférico, considerava-se esse animal como de qualidade inferior para oferendas divinas. Frequentemente vistas em cavernas escuras e vales, as cabras chegaram a ser banidas da acrópole de Atenas por representar comportamento arredio para domesticação e impulso sexual selvagem. A ligação da cabra com a fertilidade sexual feminina descontrolada remetia a ideias de desvio das obrigações matrimoniais para encontros proibidos e traições.

Na devoção a Perséfone, a cabra representa a capacidade de transpor os desafios e lutar pela própria identidade e manifestação de sua natureza selvagem. Seus chifres evocam o poder de fertilidade feminina e o espírito livre, não domesticado. Se você sente que precisa trabalhar sua liberdade pessoal e destravar o medo de ser quem é, evoque o espírito da cabra na devoção a Perséfone, trazendo ossos, chifres, imagens e representações do animal para seu ambiente ritualístico.

Chamando a cabra: azeitonas, grãos, tubérculos, cascas de frutas, uso de sal no ambiente, balançar de um sino, sons de cabra.

Ovelha e carneiro preto

As ovelhas e carneiros estão presentes no culto à vegetação desde os primeiros assentamentos do período neolítico. Os animais eram parte fundamental da subsistência e, no culto a Perséfone e Deméter, integravam os sacrifícios na Arcádia, em Atenas, em Elêusis e na Sicília. Na purificação dos mistérios eleusinos, o carneiro representava o sacrifício às deusas. Nas danças animalescas arcadianas, usavam-se roupas de sua pele e máscaras para incorporar a natureza do animal símbolo da fertilidade, da abundância e do retorno da vida.

Essa simbologia tinha relação com a constelação do carneiro: posicionada no signo de Áries, coincide com a chegada da primavera no hemisfério Norte. Nesta época, chifres de carneiros eram enterrados com flores para garantir a prosperidade.

Na devoção a Perséfone, o carneiro encarna o espírito da renovação, da coragem e do bem-estar. Use os chifres e imagens do animal para feitiços de abundância material e renascimento.

Chamando a ovelha/o carneiro: aveia, mato, milho, grãos e pedaços de pão.

Cavalo

Nas antigas narrativas arcadianas, Perséfone era representada como uma égua chamada Despoina (senhora da casa), filha de Deméter e de Poseidon Hippios, epíteto do deus diretamente ligado aos cavalos. Após o estupro sofrido por Deméter, a história conta que, em fúria, a deusa fugiu para as cavernas da montanhosa Arcádia, onde se refugiou e deu à luz a filha.

As deusas eram frequentemente retratadas na companhia de cavalos, animais considerados símbolo de riqueza por serem caros. Seu espírito selvagem representava os impulsos incontroláveis da natureza animal, pois embora fizessem parte da vida doméstica, os cavalos mantinham em si a necessidade constante de manifestar seu temperamento instintivo.

Quando em bandos, na falta de um macho-guia, quem assume a soberania é a fêmea. Ela tem o poder de guiar o bando inteiro, de decidir quando e onde comer, e também de punir os desordeiros.

O significado do nome Despoina e o comportamento do cavalo podem facilmente justificar por que Perséfone era mais importante no culto em Lycosura do que Deméter. A senhora da casa era uma égua soberana, responsável por guiar a vida dos devotos, e tinha como garantia a proteção e companhia da mãe.

Na devoção a Perséfone, o cavalo representa a soberania e a capacidade de superar as dificuldades da vida por meio da luta e da resistência para preservar nossa natureza selvagem. Evoque o espírito do cavalo com ferraduras e imagens do animal em seus feitiços, para que você assuma uma natureza mais arredia e combativa em sua busca por liberdade de expressão.

> *Chamando o cavalo:* palha, feno e capim; bater com uma ferradura no chão.

Galo

O galo era frequentemente representado ao lado de Perséfone no culto em Lócris. Nas tábuas de argila, via-se a deusa carregando o animal, e ele também integrava a paisagem de cenas de raptos e aspectos da vida doméstica. Em algumas *pinakes* (tábuas votivas), a deusa carregava um galo consigo enquanto fugia para o submundo com Hades — isso simbolizava a transição da fase donzela para a vida matrimonial. Em outras tábuas, o galo figurava dentro de santuários como um animal que vivia livre no espaço dedicado à deusa.[2]

Por anunciar o nascer do dia, o galo tinha ligação com a transição liminar do tempo, sendo também um símbolo de conexão com o mundo dos mortos. Sua relação com o submundo, com a virilidade e com a sexualidade masculina o conectava a Hades, deus também representado sempre próximo do animal.

Na devoção a Perséfone, o galo simboliza o trabalho das sombras e a nossa capacidade e coragem de revolver a terra para encontrar a raiz das situações. O animal também é símbolo do acesso ao submundo porque seu espírito atua como condutor da alma dos vivos e dos mortos, sendo um instigador da descida ao submundo, bem como impulsionador da subida por sua ligação com o sol.

Chamando o galo: folhas verdes, grão de milho, restos de legumes e verduras, pedaços de pão no altar antes do amanhecer.

Porco

O porco e o leitão foram os principais animais ofertados em rituais sacrificiais para Perséfone e Deméter. Em diversas regiões da Grécia, eram retratados no colo de devotas das duas deusas. Enquanto os porcos adultos passaram a ser consumidos com frequência em banquetes, os leitões eram considerados impuros pelo desenfreado crescimento e devastação da plantação.

O sacrifício de leitões no fogo era um ato de purificação, e nos mistérios eleusinos simbolizava a limpeza do iniciado. Após a incineração do animal, ele deveria ser dividido entre os participantes do ritual e consumido imediatamente. Os porcos adultos representavam a fertilidade e a fecundidade de Perséfone e Deméter.

Na região de Atenas, era costume matar porcos e enterrá-los em covas, retirando-os após alguns meses na festividade da Thesmoforia. Os restos do animal eram misturados a sementes e ervas e formavam um esterco para ser distribuído nos campos e garantir uma colheita próspera.

Na devoção a Perséfone, o porco é a transformação do mortal em espiritual como símbolo de nossa condição de iniciados nos mistérios da deusa. Os leitões e porcos são figuras muito queridas para Perséfone, pois, no decorrer da história, esses principais animais de sacrifício foram considerados demoníacos. Na devoção moderna você pode queimar pedaços de carne de porco para Perséfone, mas caso não consuma carne, use velas sacrificiais no formato do animal ou tenha estatuetas em seu altar.

Chamando o porco: restos de verdura, legumes, frutas e carnes; balançar um sino.

Serpente

Nos tempos da Creta Minoica, as cobras eram guardiãs do lar e símbolo da vida doméstica. Elas conviviam com a família e tinham, muitas vezes, cômodos reservados só para elas. Sua importância era tamanha que, se a cobra morresse, era certo que o dono da casa, uma vaca ou uma criança morreriam, pois o animal representava o fluxo da energia vital circulante no lar e a perpetuação e continuidade da vida. Fazer amizade com cobras era sinal de respeito à deusa e símbolo de enfrentamento dos medos, e por isso os iniciados nos mistérios menores eram incentivados a interagir com serpentes.

Na procissão eleusina dedicada a Asclépio, elas acompanhavam os iniciados dentro das *cystas* místicas. Por mais que as serpentes fossem símbolo da vida, elas sempre estiveram ligadas aos poderes do submundo. No culto ctônico da Grécia Antiga, havia uma misteriosa figura divina que costumava estar envolvida em situações suspeitas: Zeus Meilichios, mais conhecido como Zeus subterrâneo ou Hades, metamorfoseado em uma serpente sombria. Por ser chamado de Zeus, passaram a associá-lo ao Zeus olimpiano por equívoco, mas as serpentes sempre pertenceram ao submundo — na Grécia, era comum Hades ser chamado de Zeus do submundo, e seu apagamento cultural fez com que seu lado serpente fosse pouco conhecido.

Na mitologia, ele rasteja até o leito de Perséfone, e desse encontro sexual nasce a primeira reencarnação de Dionísio: Zagreus. Zeus Meilichios foi encontrado em templos da Sicília, com Perséfone e Deméter, cultuado sob aspecto ctônico numa representação do casamento da deusa com Hades. O fato de Meilichios significar "acessível à súplica" sugere que essa era uma forma mais apaziguadora de invocar Hades à superfície sem ser tragado pela escuridão. Na região da Sicília, a divindade era invocada para vingança, casamentos e alianças entre famílias, além de estar presente na cena religiosa fúnebre, conduzindo crianças que partiram precocemente para o reino dos mortos.

Na devoção a Perséfone, a serpente carrega uma forte simbologia de conexão com nossos mistérios de transformação e troca de pele. Trazer elementos relacionados ao animal para os rituais lhe dará confiança para a transformação de suas sombras em antídotos.

Chamando a serpente: sons de pequenos animais, como ratos, guaxinins e sapos.

PARTE 4

OS FRUTOS DE UMA DEUSA MADURA

A inconstância de Perséfone é marca de um de seus principais atributos devido ao teor subjetivo e suspeito da narrativa do rapto. Tal mito fez com que a deusa fosse percebida e cultuada de forma única em cada região onde plantou suas sementes. A maneira como Perséfone era honrada também se relacionava com as condições geográficas, agrárias e políticas das regiões onde se estabeleceram seus cultos. Muitos templos foram erguidos em honra a Deméter, porém, dentro deles, curiosamente a principal cultuada era Perséfone, como se Deméter preparasse o terreno e assegurasse a fertilidade para que a filha fosse soberana.

Infelizmente, hoje, há uma crença de que Perséfone quase não era honrada e seria sempre coadjuvante nos templos e cultos a Deméter. Um academicismo patriarcal tende a apelar para a imagem da deusa como donzela e nomeia estatuetas e achados arqueológicos de *kore* (donzela), evitando usar seu verdadeiro nome: Perséfone. Detalhes sutis acabam influenciando nossa percepção sobre a deusa e nos fazem crer que ela realmente foi cultuada apenas como "filha de Deméter", "esposa de Hades", e não como uma deusa com personalidade divina construída. Porém, vestígios de seus cultos, celebrações e influências nos deixaram pistas sobre seu poder de atuação em muitos lugares: Arcádia, Atenas, Elis, Olímpia, Lacônia, Tessália, Argólida,

Beócia, Corinto, Esparta, Sicília e muitas outras regiões. Conheceremos alguns destes locais que se tornaram especialmente sagrados por celebrações consagradas em honra à deusa para iniciar aqueles que ouviam seus sussurros de morte e renascimento.

Lycosura: os mistérios arcadianos

Nas montanhas remotas do Peloponeso ao sul da Grécia, ficava situada Arcádia, uma região rural forrada por pastagens, vales e peculiaridades geográficas. A forte influência ancestral das tribos aborígenes da região, mesclada a uma forma de vida camponesa, fez com que o povo de Arcádia desenvolvesse formas particulares de escrita e de cultos, e isso de alguma forma a situava como uma região muito original. Os costumes agrícolas eram adaptados à realidade geográfica de uma terra montanhosa e árida com risco alto de inundações, sem a típica vista litorânea grega. Arcádia se tornou um refúgio cultural para Perséfone e Deméter. Foi nesse solo, com pouca chance de expansividade agrícola, que Perséfone estabeleceu as raízes do que futuramente conheceríamos como Mistérios Eleusinos — uma sucessão dos Mistérios Arcadianos —, ritos iniciáticos à principal deusa de culto: Despoina, a filha não nomeada de Deméter, adorada juntamente à mãe por todo o território. Em tempos remotos, as antigas tribos indígenas de Arcádia contavam histórias folclóricas sobre um espírito de um rio do submundo que teria avistado a deusa-égua e assumido a forma de um garanhão para acasalar com ela. Dessa união, geraram-se dois filhos: um cavalo e uma égua.

Durante a dominação masculina na Grécia, essa história passou por mudanças e ganhou uma natureza cada vez mais humanizada. A fértil e abundante Deméter, deusa da agricultura, era frequentemente assediada pelo senhor dos mares, Poseidon, que desejava se deitar com ela. Para fugir das tentativas abusivas, Deméter se transformou em uma égua. Poseidon, vendo a transformação, assumiu a forma de um cavalo e estuprou a deusa, que deu à luz duas crianças: Árion e Despoina. A fúria consumiu o coração de Deméter, e ela encontrou proteção nas cavernas e recantos de Arcádia, onde poderia manter segura sua imaculada e não nomeada filha. Embora fosse chamada de Despoina — significado: amante, uma variante de des-potnia (senhora da casa ou apenas senhora) relacionada à escrita minoica/micênica (po-ti-ni-ja) —, o verdadeiro nome da deusa só era revelado àqueles iniciados em seus mistérios na região de Lycosura.

Por volta de 900 AEC, no topo de uma colina distante e montanhosa, a cidade foi fundada e ergueu-se um templo misterioso. Dentro dele, várias colunas altas simetricamente enfileiradas chamavam a atenção: eram adornadas com relevos sagrados que sussurravam os mistérios da força divina regente daquele espaço suntuoso. Lá na frente, havia dois altares: um para Deméter e outro para a senhora da casa.[1]

As duas deusas, sentadas em um banco, encaravam a alma daqueles que ali adentravam para reverenciá-las. Deméter, poderosa em seu manto preto, segura na mão direita uma tocha flamejante e, num toque de afeto e segurança, repousa a mão esquerda no ombro da filha sagrada, a grande senhora do mistério. Perséfone tem uma cesta em seu colo e um cajado na mão esquerda. Elas, porém, não estão sozinhas.

Ártemis, ao lado de Deméter, tudo observa. Portando flechas afiadas, ela está atenta exalando poder com suas vestes de pele de veado, numa das mãos segura uma tocha e, na outra, duas serpentes dominadas por sua natureza. Tal qual a dona, o cão de caça ao lado de Ártemis a tudo está atento. Ao lado de Despoina, está o poderoso titã Anytos. Próximo do santuário, comentava-se que a menina misteriosa havia sido criada por ele. A deusa é o retrato da perfeição ressaltada pelo véu vermelho--púrpura de 1,80 metro de altura que lhe cai sobre a perna esquerda. O véu descreve uma procissão festiva com devotos e devotas carregando incensos e queimadores de ervas:

> É estreitamente esculpida com faixas de figuras, separadas por padrões repetidos. No nível mais alto, estão as águias, com suas asas estendidas. Abaixo deles, está um desfile de fabulosos seres marinhos, Nereidas e hipocampos e Tritões. O nível abaixo tem figuras femininas aladas que seguram tochas elaboradas. Finalmente, no friso inferior, uma série de pessoas dançantes com cabeças de animais, incluindo várias espécies: cavalo, burro, ovelha, raposa e uma ou duas outras que desafiam certa identificação.[2]

A morte e a vida estavam à espera dos iniciados no mégaro bem ao lado de Despoina. Era o local onde os grandes mistérios aconteciam: ritos ocultos cercados de oferendas abundantes à senhora. O sacrifício sanguinário era a porção que cada um deveria conceder à deusa. Nada de cortar gargantas: era preferível arrancar um membro da vítima e a deixar sangrando até a morte. Ali, desde o século 3 AEC, uma lei sagrada foi imposta. Era proibido usar certos elementos reservados apenas às deusas: joias, tons de roxo ou vestes pretas, sandálias ou cabelos soltos[3]. As frutas, porém, eram permitidas aos montes, todas que fossem cultivadas na região, exceto uma: a romã. Acima do salão, crescia a árvore sagrada da senhora, cercada por uma barreira de pedras e rodeada de muitas oliveiras.

O culto vivenciado no santuário de Despoina antecedia os mistérios experienciados em Elêusis. O selvático e animalesco era importante nesse local, e isso ficou evidente quando cerca de 150 terracotas de mulheres com cabeça de vaca, de ovelha e de outros animais foram encontradas no templo.

Séculos mais tarde, Arcádia seria uma referência para artistas que a retrataram como uma região intocada e de paisagens verdejantes. Isso desenha, no imaginário popular, uma Arcádia um pouco distante da verdadeira região formada por um povo resistente que, provavelmente por não ter as condições perfeitas de plantio, mantinha a fé na figura de Deméter e principalmente de Perséfone. Ambas atuavam como presença viva nos mistérios arcadianos, concedendo a bênção da esperança e sendo a promessa de fertilidade em uma terra onde os riscos da escassez agrária eram frequentes.

Ática: os mistérios eleusinos

Todos os tons de azul são vistos na região da península Ática, onde o céu encontra o mar Egeu. Ática exibe a própria essência do mediterrâneo: o ar salinizado, o balanço das ondas e as muitas colinas espalhadas por toda a extensão da região evidenciam uma beleza muito diferente da remota Arcádia. Atenas se tornou a principal cidade da região. Por volta de 561 AEC, durante o governo do tirano Pisístrato, o povo de Ática presenciou mudanças expressivas na forma de organização política, social e religiosa. Os mistérios eleusinos de Perséfone e Deméter foram amplamente disseminados, chegando à fundamentação de ritos sagrados que transformaram a percepção de vida e morte da civilização grega. No entanto, para além da esfera espiritual, os mistérios eram politicamente requisitados por sua tamanha notoriedade. Porém, Elêusis não teria sido uma das cidades mais populares de Ática não fosse devido aos mistérios eleusinos. Dessa maneira, por volta de 497 AEC, os ritos dessa região passaram a estar intimamente ligados a Atenas por uma lei que determinava o seguinte: a preparação para a grande cerimônia que antes acontecia no pátio do Telesterion, em Elêusis, deveria acontecer em solo ateniense. Embora os sacerdotes eleusinos tenham se oposto à alteração, Elêusis dependia do apoio de Atenas para manutenção e desenvolvimento da cidade.[4]

No fim do inverno, quando as flores voltavam a exalar seu perfume e o sol despertava de seu sono invernal e trazia a primavera, um chamado acontecia na ágora, principal área pública de Atenas. Era mês de Anthesterion (entre fevereiro e março), quando os iniciados se preparavam para o dia em que somente os purificados teriam a permissão para celebrar os mistérios maiores de Elêusis.

O *Myesis* era o primeiro passo para acessar o segredo a ser contemplado na memorável noite da qual muitos saíam espantados e admirados, sem sequer poderem pronunciar uma única palavra sobre o que haviam vivenciado, sob risco de pena de morte. Neste dia, a iniciação do herói Hércules seria reproduzida como um caminho de limpeza espiritual, para que os iniciados se apresentassem diante de Perséfone e Deméter.

Assim, muitos homens e mulheres se aproximavam da área pública de Atenas carregando leitões para o sacrifício realizado no rio Liso, onde os animais eram afogados. O mergulho exigia concentração e esforço físico. Aquela morte representava o começo de um compromisso do iniciado com a própria jornada rumo a Elêusis — jornada que era uma escolha de cada um.

De volta à margem, com as vestes encharcadas, um sacerdote que era a própria representação de Dionísio já estava à espera. Aproximando-se, ele esticava as mãos para coletar os bolos redondos trazidos por cada iniciado como oferenda (*palanoi*). O ar espalhava pela encosta do rio o cheiro de carne assada, pois ali mesmo os leitões eram consumidos em honra a Deméter e Perséfone.[5]

Enquanto isso, um segundo sacerdote executava um trabalho visceral: diante de todos, matava um robusto carneiro, arrancando-lhe completamente a pele, que seria usada pelos iniciados. O cheiro metálico subia às narinas quando a pele, pingando sangue fresco, era colocada sobre a cabeça do iniciado. Em meio à escuridão, quantas sensações vinham ao coração? Todas as feridas ocultas e lamentos de heróis, ricos e pobres, eram certamente expostos.

Uma habilidosa sacerdotisa da deusa chacoalhava a peneira sagrada e dava ao instrumento uma função subjetiva: se na vida agrária a *likna* era utilizada para separar o joio do trigo, nos mistérios menores ela purificava a alma do próprio iniciado. A sacerdotisa também carregava uma cesta, que era perfeita para acomodar um bebê e muito usada para essa finalidade. Com um movimento sagrado, sob a cabeça dos iniciados, a sacerdotisa eleusina começava a limpeza, evocando o espírito de pureza da criança e lembrando a cada humano que passava pelo ritual sua condição de renascido.[6]

Após a cerimônia litúrgica, vestes brancas adornavam os purificados, que sentiam a presença de Deméter e Perséfone, enquanto se ajoelhavam diante das flores perfumadas de murta e mirra para visualizar os objetos sagrados dentro das *cystas*. Estes, durante o ano, lembrariam ao iniciado de que ele estava pronto para os mistérios maiores.

Quando a terra mudava de aspecto e começava a fenecer, anunciando o fim do verão, os espíritos dos iniciados eram tomados de expectativa para a chegada dos mistérios maiores. No ano seguinte, após a iniciação, o mês de Boedromíon (setembro) havia chegado. Em breve, a dor e o luto de Deméter pela ausência da filha tomaria forma em gestos mágicos e emocionaria a todos num espírito de comunhão coletiva; era tempo de Epopteia.

A merecida visão sagrada estava próxima. Assim, todos partiam para Elêusis, nome derivado de *Elysion* (reino dos abençoados), local reservado para os que em vida realizaram feitos memoráveis.

Por volta de 16 de setembro, em Atenas, um grito ecoava, chamando os iniciados para se aproximarem do mar e lavarem os leitões que carregavam no colo. A imersão no mar era um ato de limpeza ritualística. Os leitões não acompanhavam a viagem rumo a Elêusis, pois eram sacrificados no dia 17 para reforçar a ideia de purificação, já que estes animais representavam a expurgação da alma e o desprendimento da carne — esse sacrifício aproximava os iniciados do divino.

O dia 18 era dedicado a Asclépio (deus da medicina) e voltado ao descanso necessário para a longa viagem que começava no dia 19 à noite, quando todos se encontravam para a procissão solene. As sacerdotisas chegavam em suas vestes pretas e simples, carregando cestas sagradas sobre a cabeça. Elas caminhavam e exalavam cheiro de murta, cujos ramos lhes adornavam os punhos e também formavam coroas em sua cabeça. Essas mulheres eram acompanhadas de uma carruagem com uma imagem sagrada e que chegava no meio da multidão animada. Suspeita-se que fosse uma representação ou entidade próxima de Dionísio chamada Iaco, já que era possível ouvir bem alto esse nome, despertando o êxtase e a alegria nos iniciados que começavam a viagem. Durante a madrugada, caminhavam com tochas e, por vezes, paravam no mar para se banhar e descansar um pouco.

Durante o caminho de aproximadamente trinta quilômetros, cujo destino era o solo sagrado de Elêusis, cada gesto era uma honra e reverência a Deméter: seu luto era representado na exaustão do trajeto; o jejum, mesclado ao cansaço, ressaltava o vazio da saudade de Perséfone; quando cruzavam o rio Kiphissos, em Atenas, a solenidade era interrompida com zombaria e descontração para acolher o coração dos iniciados, tal qual a atrevida criada Iambé que, dominada pela energia da deusa Baubo (vulva), havia arrancado risos da enlutada Deméter diante de uma situação tão angustiante. As tolices ditas ao atravessar a ponte ensinavam-lhes que ainda era possível sorrir mesmo nos momentos mais difíceis.

No dia 20, ao amanhecer, vislumbrava-se bem próximo o templo sagrado no centro da planície eleusina, com suas terras férteis de frente para o mar. A multidão gritava emocionada, pois sabia que, quando caísse a noite, adentraria as portas do misterioso Telesterion. Durante o dia, as pessoas descansavam e se preparavam para a cerimônia Telete.

Quando anoitecia, os iniciados começavam a vagar aos pares, carregando tochas nas mãos e, enfim, chegando ao seu destino; a partir dali, eram guiados pelos mistagogos (sacerdotes responsáveis por conduzir os iniciados). Logo na entrada, havia um pequeno templo chamado Prolylaia — dedicado a

Deméter, Ártemis, Poseidon e Despoina — que evocava o espírito arcadiano através de vigas enormes com gravuras de feixes de trigo, papoulas e cabeças de vacas e outros animais.

Seguindo a procissão, todos caminhavam encenando a dor e o lamento de Deméter. Paravam diante do poço Callichoron: no hino a Deméter, é o poço no qual a deusa se apoiou, cansada e triste, em busca da filha. Na procissão, suspeita-se que as pessoas dançavam com alegria por finalmente a deusa ter chegado em Elêusis. Depois, rumavam a Plutonium, o templo-caverna dedicado a Hades em sua face Pluto (doador da riqueza); com certeza, era singelo se comparado a todos os templos, no entanto possuía um importante caráter de adoração por representar a fenda entre dois mundos. Por ali, sabia-se que Perséfone retornaria das regiões do submundo para a cerimônia sagrada, por isso o templo carregava esse caráter de aparição divina e fazia com que, em respeito ao espaço, os iniciados depositassem bolos sacrificiais em dedicação a Hades e Perséfone.

Figura 9 Poço Callichoron, local onde Deméter descansou ao chegar em Elêusis.

Figura 10 Caverna Plutonium, santuário sagrado considerado uma fenda entre o mundo dos vivos e o dos mortos.

Próximo dali, surgia um menino representando Demofonte, a quase criança divina que Deméter alimentava no fogo. Esse devotozinho entoava para todos quais eram os próximos passos para adentrar no templo.[7] O que acontecia dentro do Telesterion permanece um mistério até os dias atuais; o que se sabe é que, naquela noite, do alto do templo, uma nuvem de fumaça cobria o céu e um trovão ruidoso produzido por um instrumento que ressoava de dentro do templo, representando a iminência da morte.[8]

No templo, a mente dos iniciados seria marcada com o grande mistério, a revelação, da qual ainda não se sabe muito. As diversas especulações arqueológicas ressaltam detalhes sutis: os iniciados deveriam recitar palavras que funcionavam como acesso à cerimônia principal, e elas tinham ligação com os objetos sagrados dentro dos cestos levados de Atenas a Elêusis.[9]

Aqueles que não quisessem participar do último grau e momento mais importante da celebração epopteia se retiravam do templo. Há hipóteses de que Perséfone surgia entre eles com a criança sagrada e a promessa de renascimento — a luz em meio à escuridão, a Brimo[10]. Declarações cristãs já afirmaram, com repúdio, o conteúdo sexual na cerimônia e alegaram a existência de um casamento sexual como um dos grandes passos do mistério. Um ponto comum de concordância entre parte dos estudiosos de Elêusis é que havia dramatizações catárticas que envolviam não só o Hierofante e as sacerdotisas de Perséfone e de Deméter, mas também os próprios iniciados.

A epopteia durava até o dia 21, e o restante do dia era reservado para descanso. No dia 22, os mortos eram honrados e derramava-se vinho na terra — um dos últimos atos a serem realizados antes do dia 23, que marcava o nono e último dia dos mistérios maiores, quando todos retornavam para casa.

É possível que seja da vontade das deusas o desfecho do rito não ter sido descoberto. Essa faceta misteriosa faz parte da natureza ardilosa de Perséfone, e é também o que torna os ritos tão fabulosos. Embora da cerimônia pouco saibamos, alguns iniciados corajosos tiveram a audácia de revelar, nas entrelinhas, que deixaram os mistérios maiores com o sentimento de vitória sobre a morte definitiva. "Pois assim conhecemos realmente os princípios da vida, e não recebemos a razão somente com alegria de viver, mas também com esperança de morrer bem."[11]

Siracusa: Thesmoforia

Foi atravessando o mar Jônico, em busca de uma vida melhor, que os gregos chegaram até a Sicília, uma região da península Itálica abençoada por Perséfone e Deméter, por onde as deusas espalharam terras férteis, tornando-a uma potência agrícola. Em meio à abundância de flores que crescem por toda a vista mediterrânea, lá na extremidade, através de montanhas e de rios, o vulcão Etna continua a lançar suas cinzas escuras e dar certa peculiaridade à paisagem. É o maior entre todos os filhos de Hades ativos na região, exibindo sinais do mundo subterrâneo abaixo da Sicília. Ao longo dos séculos, ela ficaria conhecida como uma região de poder comercial, e isso chamaria a atenção daqueles que desejavam terras férteis.

Em 458 AEC, Gelon tomou o trono para reger Siracusa, a potência siciliana. Era um tirano articulado, dotado de métodos estratégicos e de muitos apoiadores. Gelon representava a soberania da família Deinomenidas, que havia chegado ao poder de Siracusa em nome de Perséfone e Deméter[12].

Gelon era um sacerdote das deusas e as carregava como emblema político e referencial para o sucesso de sua campanha, já que ele se tornou governante de Siracusa não com métodos bélicos, mas com autoridade religiosa e ênfase no poder de ambas. Porém, não partiu dele a ideia de prestar culto a Perséfone e Deméter tendo a política como norteadora, pois a relação com as deusas, para além da esfera religiosa, já era exercida em sua família em tempos ancestrais. Perséfone e Deméter eram figuras ativas dentro de negociações estratégicas, cujo objetivo era estabelecer o domínio dos Deinomenidas.[13]

Figura 11 Tetradracma, moeda siciliana de Siracusa com o busto de Perséfone, em cuja cabeça há uma coroa de grãos. 310-307 AEC.

Como plano para garantir sua aceitação social enquanto governante, Gelon incentivou que povos de outras regiões migrassem para a Sicília ao disseminar o culto a Deméter e Perséfone como símbolo da integração coletiva em busca do mesmo interesse primordial: a sustentação da vida.

Gelon se tornou um símbolo do elo entre diferentes grupos sociais, o que fez de Siracusa uma região de enorme diversidade cultural. Ele não poupou esforços para agraciar Perséfone e Deméter, cujos rostos e símbolos agrícolas estampavam as moedas em circulação na região. Os locais da cidade faziam alusão aos seus nomes, e muitas lendas e crenças populares se formavam a partir do mito do rapto e do casamento entre Hades e Perséfone.

A cada guerra vencida, Gelon consagrava elementos sociais às deusas por meio de festivais ligados à colheita — um deles, o mais importante, memorável e popular, tomava as ruas de Siracusa todos os anos, quando a terra anunciava seu ciclo de morte e começava o período da semeadura do trigo: a Thesmoforia.

Com a chegada do outono, as sementes que representavam a fertilidade de Siracusa eram levadas para a ilha paradisíaca de Ortígia, a apenas dois quilômetros do centro da cidade. O local era um antigo santuário de Perséfone e Deméter, onde cultos aconteciam desde 800 AEC, e durante a regência de Gelon, o templo passou por uma reconstrução que o deixou parecido a um jardim com uma variedade abundante de flores em honra às deusas.

Por dez dias e dez noites, celebrava-se em seu interior o festival feminino para garantir a abundância e fecundidade da terra. Diferentemente da Thesmoforia também celebrada em Atenas, da qual as mais pobres eram impedidas de participar, em Siracusa o princípio democrático convocava a todas sem distinção de classe social para integrar a celebração, pois se tratava de uma sabedoria primitiva de sobrevivência passada a todos por Deméter e Perséfone: a capacidade de plantio e de colheita.

Com seus leitões para serem sacrificados, as participantes seguiam até o santuário e também levavam consigo pequenas estatuetas votivas de mulheres segurando porcos. Naquela singela arte, estava representada a fé na provisão das deusas e, com os votos deixados no templo, ficavam também as petições a Perséfone e Deméter.

Cada gesto feito ao longo dos dias intencionava garantir a fertilidade, e somente elas poderiam realizar os rituais de sacrifício com as devidas oferendas às deusas. Deméter era a força primária da sustentação. Por isso, cada participante trajava roupas de tempos pré-históricos, numa encenação ritual visceral que simbolizava o momento em que a deusa concedeu aos primeiros habitantes da Sicília a sabedoria da agricultura.

Enclausurados nas obscuras cavernas montanhosas, os famintos devoravam cascas de árvores, raízes, bolos de lama e a si mesmos como forma de sobrevivência, mas a soberana Deméter apresentou-lhes Perséfone, revelando a bênção do grão e os capacitando a produzir pão e cereais. A eles também foi concedido o poder de confecção da foice e do arado para que aumentassem a expectativa de vida da população.[14]

Durante os dias do festival, as mulheres faziam um banquete coletivo com bagas de murta, sementes de papoula e ervas, bebiam muito vinho, enquanto trocavam piadas maliciosas para aplacar a angústia de Deméter, pois, segundo a tradição, em breve os grãos seriam semeados por toda a terra, representando a descida de Perséfone ao submundo e reencontro com Hades.

No último dia, todas saíam do santuário em procissão. Elas exibiam bolos de mel e gergelim em forma de vulva em homenagem à capacidade reprodutiva e fecunda de Perséfone e Deméter. Os *mylloi*, que eram pães assados dentro do templo, encerravam a celebração que remetia a histórias e cultos vivenciados cerca de sete mil anos AEC.[15]

A Thesmoforia ficou conhecida como uma festividade importante da qual as mulheres participavam ativamente como organizadoras e figuras principais na cena ritualística, algo raro em uma sociedade predominantemente patriarcal. Não se sabe ao certo todos os detalhes dos dez dias de celebração em Siracusa ou dos três dias na Grécia, mas os vestígios demonstram que era um momento único, durante o ano inteiro, em que as mulheres se juntavam para discutir questões que influenciavam diretamente suas vidas: menstruação, parto, aborto e métodos de controle de fertilidade — e isso tornava o festival dedicado às deusas um momento especial em que o feminino tinha acesso a uma rede de apoio e de afeto. A preocupação masculina em permitir o ritual em honra à natureza cíclica tinha a ver com o fato de este ser um domínio de Deméter e Perséfone, cujas bênçãos eram vitais para qualquer habitante.*

Morgantina: rainha alquímica

Em um refúgio sagrado da montanhosa cidade de Morgantina, havia um templo onde a musa principal era Perséfone. Todas as oferendas dedicadas

---

* Atualmente, alguns covens e tradições de bruxaria costumam organizar os próprios festivais e celebrar os mistérios eleusinos no equinócio de primavera (mistérios menores) e ao fim do verão, entre os dias 16 e 23 de março (mistérios maiores). É possível realizar práticas como jejuns, gestos realizados na procissão eleusina ou representações artísticas de possíveis acontecimentos dentro da cerimônia. Os mistérios menores e maiores podem ser celebrados ambos ao fim do verão e começo do outono, já que originalmente era assim que ocorria antes de interferências políticas e estratégicas na cerimônia. A thesmoforia também pode ser celebrada no início do outono, reservando de três dias a uma semana para discussões ligadas a saúde íntima, parto, menstruação e sexualidade. Caso opte por celebrar, você pode se reunir entre amigos, e a partir das informações históricas do livro, criar suas próprias adaptações tanto dos mistérios eleusinos quanto da thesmoforia. É importante ressaltar que ambos são celebrações que revivem a memória destes ritos do qual nenhuma tradição pagã moderna, coven ou coletivo detém total conhecimento dos mistérios.

a ela, senhora do submundo, eram depositadas no altar ctônico vermelho-sangue de colunas amarelas. Havia estatuetas de mulheres adornadas com coroas cilíndricas; máscaras teatrais de muitas feições arrepiantes; frutas de todas as estações, sobretudo romãs; e muitas versões da divina Perséfone em torno de jarros repletos de moedas.

As sacerdotisas que guardavam o local eram alquimistas caprichosas e dedicadas. De quem poderiam ser as coroas de prata com diademas incrustados e cercados de belas folhas, senão de suas filhas e devotas? O templo era um recinto de reverência a Deméter, mas principalmente a Perséfone como rainha. No local religioso de toque artesanal, elas preparavam vinhos sagrados, moíam grãos em pequena escala para cerimônias e produziam óleos que, ao cair da noite, eram utilizados sob a consagração da rainha do submundo.

Selinus: frutífera e justiceira

Na suntuosa cidade de Selinus, o aroma frutal de Deméter Malophoros tomava o templo de entrada inspirado em Elêusis. No mesmo solo sagrado, havia um templo para a senhora Hékate e um recinto para os senhores da casa, Perséfone e Zeus Meilichios: a serpente subterrânea, temível deus ctônico, protetor das riquezas da família.

No templo, havia cerca de doze mil estatuetas de belas mulheres segurando maçãs e romãs; uma cascata de joias de prata; miniaturas de instrumentos agrícolas; ossos e cerâmicas brancas esmaltadas, tudo distribuído pelo altar olímpico dedicado a Deméter, além de um poço sombrio dedicado a Perséfone e Zeus Meilichios.

Figura 12 Reconstrução do santuário de Malophoros, em Selinus, por Jean Hulot, 1910.

O casal muitas vezes era invocado para vingança. Em pequenas lâminas de chumbo (*katádesmos*), os devotos anotavam seus pedidos de justiça para prejudicar o inimigo e esperavam receber auxílio dos mortos, que não tinham nada a perder. Os espíritos agressivos, que foram rejeitados em seus ritos fúnebres, eram enviados para atender as necessidades de cada devoto. Em 409 AEC, a fachada do santuário Malophoros e do sagrado recinto Meilichios foi removida; ali, construiu-se um teto arredondado para suportar a grande quantidade terra colocada acima do edifício, de forma a evocar a aparência de um santuário subterrâneo de aspecto ctônico[16].

Lócris: matrona do submundo

Em muitos lugares da cidade de Lócris Epizefiri, em 500 AEC, havia representações do culto a Perséfone, a principal divindade honrada na região. Na florida cidade italiana, o mito do rapto simbolizava a própria perspectiva do casamento e da transição pela qual as jovens donzelas passavam ao iniciar a vida no matrimônio.

A Perséfone de Lócris, embora fosse vista como a rainha dos mortos, participava de forma íntima das vidas dos habitantes da região, sendo o princípio da existência e a protetora das crianças na hora do nascimento. Perséfone era também a nutrição quando o leite descia para alimentar o rebento; era a iniciação na vida sexual de donzelas na noite de núpcias; era a morte enquanto descanso, se assim o ciclo de expiação reencarnatória tivesse sido cumprido, conforme as crenças órficas que influenciavam a região.

A fé do povo de Lócris em Perséfone concentrava-se na sua soberania das fases transicionais que marcavam inevitavelmente a vida de todos. Em sua honra, votos eram feitos em plaquinhas de argila (*pinakes*) esculpidas com gravuras da deusa, sobretudo em seu casamento com o senhor do submundo.

Figuras 13 e 14 Acima, temos a estátua de mármore de Perséfone como rainha do submundo encontrada na Itália. 480-460 AEC. Abaixo, uma terracota locriana de Perséfone sentada no trono enquanto abre uma cesta mística onde descansa um bebê. 490-460 AEC.

Para além de imagens simbólicas da vida matrimonial da deusa, as tabuinhas, por vezes, também continham conselhos para a manutenção da vida a dois, incluindo preparativos para as núpcias, conselhos de gestação e até mesmo estratégias de manipulação afetiva. A percepção do casamento como um rapto a ser vivenciado fazia referência à temida mas desejada iniciação na vida matrimonial e sexual. O casamento simbolizava a morte da fase donzela das mulheres, por isso muitas que partiam ainda jovens em Lócris eram reconhecidas como "esposas de Hades".

Figuras 15 e 16 À esquerda, representação do rapto de Perséfone em terracota locriana. 470-460 AEC. À direita, *pinake* locriana com Perséfone e Hades sentados no trono. No colo da deusa, descansa um galo, e Hades segura um feixe de asfódelos e uma cesta de oferendas.

A atenção ritualística e devocional a Perséfone se voltava para sua imagem enquanto deusa única, poderosa e exemplar solene daquela que maturou e executava devidamente sua soberania como rainha dos mortos. Em lâminas de ouro, devotos da deusa se declaravam com sentimentos de profunda intimidade e afeto e pediam a orientação da deusa para que fossem conduzidos ao reino de Hades na hora da morte.

Figura 17 Lâmina órfica do século 4 AEC.

Quando os devotos faleciam, suas lâminas de ouro eram firmadas na sepultura para seguirem o caminho de forma suave ao submundo. Os sacerdotes órficos itinerantes ofereciam serviço de criação de ritos fúnebres personalizados para a conexão com Perséfone após a morte. As tabuinhas eram artefatos de grande procura e vistas como um direcionamento *post mortem* ao abraço da deusa[17]. O conteúdo e as palavras de admiração evocam a intimidade com que o povo de Lócris se relacionava com a deusa:

> Puro, venho dos puros, Rainha dos Chthonianos,
> Eukles, Eubouleus e os outros deuses imortais,
> pois afirmo que sou de sua raça abençoada,
> mas o destino me subjugou, e os outros deuses imortais,
> e o lançador de estrelas com raios.
> E escapei do círculo doloroso da pesada dor,
> alcancei a tão esperada coroa com pés velozes.
> Desci sob o colo da Senhora, a Rainha Chthoniana,
> alcancei a almejada coroa com pés velozes.
> Abençoado e afortunado, você é um deus em vez de um mortal,
> uma criança que você caiu no leite.[18]

Na Itália, Perséfone foi cultuada como soberana rainha do submundo, associada à morte e aos domínios de Hades e lembrada como deusa da maturidade sexual e casamento. Ainda que os templos fossem referenciados a Deméter (aproximadamente catorze santuários), as cerimônias e oferendas votivas eram ofertadas em quantidade muito mais evidente à sua misteriosa e sombria filha[19]. Ambas, Perséfone e Deméter, por muitos séculos, permaneceram como símbolo da política aliada à religiosidade, à riqueza e à prosperidade da Sicília e de sua poderosa capital Siracusa, deixando entre os sicilianos muitas tradições folclóricas e a crença de que as deusas fizeram da ilha seu retiro favorito.

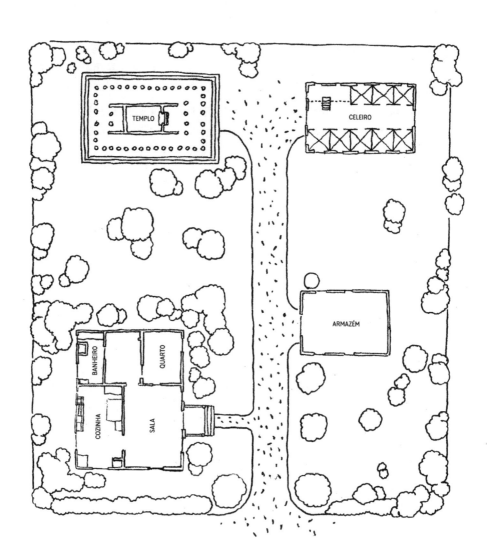

NA PROPRIEDADE DA RAINHA: OS ARREDORES

A presença de Perséfone paira nos locais consagrados a ela e vaga à espera de uma bruxa determinada a chamar por seu nome. Esses lugares são fendas capazes de promover experiências únicas de contato espiritual. Alguns podem trazer memórias do passado, visões do culto a Perséfone ou espíritos curiosos. Cada um conta com suas entidades-guardiãs do território local, por isso deve-se ter muita cautela ao entrar em um deles. Peça licença e saiba onde pisa, respeite as forças que há muito residem nas ruínas, cantos e templos naturais.

Nascentes, fontes, lagos e rios

A água era um elemento ligado ao culto ctônico na Grécia Antiga. Desde as primeiras representações do submundo, ela surgiu associada à fecundidade e ao mundo dos mortos. No culto a Perséfone, a água doce teve proeminência.

Na Arcádia, havia uma crença em divindades que eram rios, e via-se Perséfone como filha de um espírito das águas. No hino do rapto, a deusa estava na companhia das ninfas oceânides, filhas do mar e das águas doces. Em Siracusa, na Sicília, o lago Cíane foi consagrado a Perséfone, pois Hades teria transformado em águas azul-escuras uma ninfa que o flagrou sequestrando a deusa — por isso, anualmente, eram realizados sacrifícios com o afogamento de porcos e touros no lago, em homenagem ao casal. Na Beócia, região central da Grécia, no riacho Ercina, habitava o espírito de uma ninfa de mesmo nome. Ela e Perséfone brincavam de correr atrás de um ganso no mato quando o animal se escondeu atrás de uma rocha. Perséfone tirou a rocha do lugar para capturá-lo, e foi então que uma nascente fluiu e deu origem ao rio consagrado à amiga Ercina. Essas águas foram usadas como local para purificação de consulentes que contratavam serviços de necromancia na região. A comunicação com o reino de Hades muitas vezes acontecia através de reflexos da água em tigelas consagradas. O submundo possui uma organização geográfica basicamente pastoral e cortada por rios com muitos afluentes. Na devoção a Perséfone, o contato com esse elemento é fundamental para incitar mergulhos e conexão com nosso submundo pessoal, ou mesmo com o mundo dos espíritos. Você pode se envolver com ninfas e náiades ao longo de sua jornada de devoção à deusa, pois é comum que elas se apresentem a você para incentivá-la a trabalhar suas águas internas.

Campos, pastos e jardins

O elemento terra é profundamente ligado a Perséfone, já que a deusa é a própria representação do desenvolvimento da semente. Os primeiros templos dedicados a ela foram os campos de plantações, pastagens e jardins. Em muitas representações votivas, ela surge em meio à vida cotidiana dos habitantes da *khora* como um símbolo divino da realidade camponesa. Na devoção a Perséfone, o contato com a terra é fundamental para se estabelecer uma conexão íntima com seus mistérios. Sem interagirmos com as plantas e o subsolo, podemos sentir uma desconexão gradual com a energia da deusa.

Por ser uma deusa que provoca nossas sombras, o aterramento não só é necessário como vital para se estabelecer uma conexão saudável e enriquecedora. Construir um jardim para Perséfone é um ato de devoção especial. Não importa se você tem apenas algumas flores: cuide delas, enxergando a alma da deusa presente em cada uma. Toque e sinta a textura da terra, permita se sujar, se envolver com os instrumentos da jardinagem. Em pouco tempo, você notará a presença viva de Perséfone em sua casa, revelando-lhe segredos mágicos através do jardim. Observar o processo de desenvolvimento das plantas e flores te ensinará muito sobre a própria vida e a morte.

Cavernas e grutas

As cavernas e grutas eram consideradas passagens diretas para o reino de Hades. Na sagrada Elêusis, Perséfone retornava todos os anos para a celebração dos mistérios através da caverna Plutonium. Na Arcádia, a deusa teria nascido dentro de uma caverna na região de Phigalia, refúgio da face Melaina (sombria) de sua mãe Deméter. Na região de Tesprócia, a caverna Charonium exalava vapores venenosos e tinha fama de ser um portal para o submundo. Na Sicília, e em diversos outros lugares, as cavernas e grutas tinham ligação direta com os aspectos obscuros de Hades e Perséfone. Os animais que viviam em cavernas também eram ligados ao submundo, como o morcego, comparado à alma dos mortos por Homero.

Na devoção a Perséfone, grutas e cavernas representam o ventre obscuro de morte e regeneração, assim como também a fertilidade e a fecundidade necessárias para o autodesenvolvimento. Quando visitá-las, você pode fazer preces à deusa para que ela lhe conceda capacidade de renascimento em meio às dificuldades da vida.

Cemitérios

Os cemitérios eram locais sagrados de Hades e Perséfone, pois representavam um limiar entre o mundo dos vivos e dos mortos. Neles, eram plantadas flores, sobretudo os asfódelos, em honra ao rei e à rainha do submundo. Embora houvesse túmulos suntuosos em formato colmeia, estes pertenciam geralmente a famílias aristocráticas. O enterro individual em covas e a cremação eram as formas mais comuns de sepultamento na maioria das pólis.

Símbolos de Perséfone estavam presentes em cada detalhe do funeral, já que a deusa era considerada regente da ocasião. Quando um ente querido morria, a família ficava responsável por toda a preparação do velório, que poderia durar até três dias seguidos. Os parentes do defunto eram considerados contaminados e participavam do evento com as vestes rasgadas e os corpos sujos de cinzas, como sinal do luto, e também bagunçavam e arrancavam fios de cabelo, deixando alguns com o falecido como garantia de entrada no reino dos mortos, principal exigência de Perséfone. Os fios davam a certeza de que o morto havia passado pelos ritos fúnebres adequadamente, sendo lembrado e querido pelos familiares.

A procissão até o cemitério acontecia em silêncio exceto pelos gritos e lamentos das velhas carpideiras, mulheres viúvas contratadas para chorar no enterro. Já no cemitério, o morto recebia comidas, bebidas, joias e outros instrumentos considerados pela família dignos de presente. As moedas para o barqueiro do submundo, Caronte, eram depositadas nas mãos ou nos olhos do defunto e precisavam ser de menor valor, pois assim rico ou pobre teria condições de adentrar no submundo. A pira era acesa, enquanto todos presenciavam a libertação do espírito do morto, que descansaria em paz. Animais eram sacrificados diante de todos; o sangue, derramado para matar a sede do falecido; a carne, assada e consumida no local. As cinzas do morto eram enterradas, e o túmulo adornado com uma placa de pedra com o nome e a epígrafe do falecido[1].

Os parentes iam para a casa e nela realizavam o *peridípnon*, um banquete mais elaborado entre familiares e amigos íntimos, com o objetivo de rememorar o parente falecido e fortalecer os laços afetivos durante o luto. Dali em diante, o morto ficava sob responsabilidade da família, que periodicamente voltava para derramar as libações e apaziguar sua alma.

Na devoção a Perséfone, o cemitério é um dos lugares mais sagrados, um local de reverência e de total respeito, um símbolo de conexão com os mistérios da morte. Você pode visitar cemitérios em ocasiões específicas para reverenciar seus ancestrais. Se você deseja se conectar mais com o submundo enquanto mundo dos espíritos, vá ao cemitério para derramar libações, fazer leituras sobre a morte ou mesmo meditar e se conectar com as forças do além.

Centros artísticos e terapêuticos de apoio ao luto e aos que sofrem de depressão

Sendo Perséfone uma deusa em constante transformação, hoje existem novos espaços onde a energia da deusa se concentra fortemente. Os centros de apoio ao luto e de prevenção do suicídio e depressão são espaços de assistência quando não sabemos como lidar com o fim e o renascimento. Nestes ambientes, apoiadores executam um serviço de sustentação e resistência da vida para que possamos continuar a jornada de ciclicidade.

A presença de mais pessoas em situação semelhante de sofrimento cria laços de empatia e forma egrégoras de contenção emocional e psíquica para que você atravesse fases dolorosas da vida. Se você preferir um apoio solitário, poderá encontrar Hades na presença de terapeutas e psicólogos capazes de conceder a sabedoria da adaptação para lidar com a obscuridade do luto e das situações traumáticas. Já Perséfone lhe espera nos espaços artísticos e catárticos de teatro, música, dança e artesanato, onde você será capaz de se reconectar com o movimento e aterrar sua existência — isso lhe fará lembrar que seu corpo e espírito são capazes de transpor barreiras para se manifestar neste mundo.

PARTE 5

ONDE PERSÉFONE E AS BRUXAS SE ENCONTRAM

Durante os séculos, o culto ancestral a Perséfone foi dizimado pela crescente dominação do cristianismo. As divindades do paganismo tiveram seus templos saqueados e destruídos pela intolerância religiosa, suas facetas foram santificadas e os cultos descaracterizados e cristianizados para cumprir o plano de conversão de povos pagãos. No período medieval, em espaços públicos, não era mais permitido cheirar as flores, símbolo do próprio corpo de Perséfone na terra, por representarem uma ameaça à domesticação construída com base no medo do diabo, do pecado e da mulher.

Há quem acredite que o paganismo helênico jamais teve relação com a bruxaria, mas, em tempos de inquisição, as deusas e deuses de cultos ancestrais passaram a ser utilizados como bode expiatório para o extermínio de milhares de mulheres, pejorativamente chamadas de bruxas. Mesmo silenciosamente, Perséfone se manteve presente na Itália, cruzou caminho com o diabo e sua morada acabando no mesmo destino que as feiticeiras, hereges e bruxas: o sabá. Daremos, assim, um salto histórico do paganismo helênico ancestral para tempos em que o submundo grego se tornou o inferno cristão.

Por volta dos séculos 14 e 15, em Florença, após a epidemia da peste bubônica e em meio a um cenário desolador de miséria e conflitos políticos, crescia um movimento artístico que buscava fazer renascer a relação do homem com a natureza, recobrando valores básicos da vontade própria e da existência. Através das obras de arte, a alma humana era convidada a retornar para sua unidade: o daimôn grego do prazer (Hedonê) fomentava ideias de desejo pessoal na alma dos artistas, que passavam a pintar e expressar o hedonismo característico desse movimento, trazendo nos detalhes de suas obras uma das mensagens mais hediondas para a Igreja: a valorização do racionalismo.

Pensar demais não era bom, pois, em pouco tempo, o mal do questionamento seria plantado na mente inquieta, e questionar era o primeiro passo para a profanação do espírito retido nas coisas de Deus. Todas as coisas naturais mas profanas aos olhos do Deus cristão ganharam liberdade no período renascentista, assim como a bela Vênus, que, para o espanto de todos à época, emergia seminua de sua concha pelas mãos de Botticelli.

É justamente nesse momento de falência do sistema feudal e de entrada em uma realidade urbanizada que a figura do diabo determinado a destruir os planos de Deus se fundiu com a imagem estereotipada das bruxas: curandeiras, parteiras, botânicas, perfumistas, poetas ou qualquer outra mulher que ousasse pensar sozinha.

Se anteriormente eram acusadas de heresia por realizar práticas e costumes contrários aos ensinamentos cristãos, em tempos de renascença agiam mancomunadas com o satanás para perverter o coração dos mais puros de alma. O diabo foi escolhido para representar todas as mazelas e conflitos, provocados, sobretudo pela própria Igreja — uma desculpa espiritual criada por homens gananciosos amedrontados com o poder feminino e seu potencial de libertação.

Embora fosse senso comum que o diabo agia contra Deus e que as bruxas trabalhavam com ele, a concepção de sua habitação ainda era vaga. No entanto, quando o italiano Dante Alighieri publicou *A divina comédia* no início do século 14, ele deu forma a uma estrutura geográfica elaborada do inferno numa perspectiva cristã ocidental. Valendo-se de influências da mitologia grega acerca do submundo, mas não da forma como este era percebido de fato pelos gregos, e sim através de uma cosmovisão tipicamente cristã.[1]

Apesar de o inferno de Dante não ser completamente grego, já que há uma pluralidade de elementos de outras culturas, a conotação negativa atribuída aos símbolos do reino do submundo também causou uma associação direta entre Hades, Perséfone e o maligno.

Ambos surgem n'*A divina comédia*, assim como seu lar e as entidades, o fiel barqueiro Caronte, o cão Cérbero, além dos rios que cortam os cantos do submundo. A habitação funesta do casal foi conectada a uma perspectiva cristã em uma das mais importantes obras clássicas do mundo, contendo medos latentes que ainda amedrontam boa parte dos adeptos do cristianismo.

Sendo o submundo popularmente conhecido e parte ancestral da cultura pagã italiana, é estranho que não houvesse alguma alusão a Hades e Perséfone em obras cristãs, cujo princípio era evidenciar a condição de pecado e de impureza da humanidade. N'*A divina comédia*, Hades é chamado por seu epíteto Pluto/Plutão, que em tempos antigos significava "doador da riqueza", associado ao desenvolvimento dos grãos no subsolo e às joias preciosas; em Roma, o deus foi assimilado como Plutão. Na narrativa, passando pelo Inferno no Canto VII, Dante é afrontado por Pluto, que representa um demônio, ser maligno e personificação da ganância e da inveja:

> — Pape Satàn pape Satàn aleppe! — começava Pluto com sua voz rouca.
> Virgílio virou-se para mim e disse, com segurança:
> — Não tenhas medo dele. Lembre-se que, por mais que ele tenha poder, ele não pode impedir nossa descida. — Depois, dirigiu-se a Pluto e gritou: — Cala a boca, lobo maldito! Consome em ti mesmo tua raiva. Nossa descida não é sem propósito, pois é algo que se quer nas alturas!
> Diante daquela voz revestida de autoridade, Pluto mal pôde reagir. Logo fraquejou e, diante de nós, tombou.[2]

No Canto IX, Dante avista Proserpina, uma deusa romana associada a Perséfone, com suas três filhas, as fúrias, ou Erínias:

> — Alguma vez já desceu a estes círculos profundos do Inferno, alguém do Limbo? — perguntei-lhe.
> — Isto é raro — respondeu-me o mestre —, mas é verdade que eu mesmo já fiz esta viagem e desci até o círculo mais profundo, quando uma vez fui convocado. Não se preocupe, pois conheço bem o caminho.
> Virgílio continuou a falar, mas, de repente, minha atenção se voltou para o céu onde vi três Fúrias infernais. Eram figuras femininas, ungidas de sangue

e com serpentes ferozes no lugar dos cabelos. O mestre, que já conhecia as escravas de Proserpina, me apontou:

— Veja! São as Erínias ferozes! Aquela é Megera, à esquerda, e aquela que chora à direita é Aleto. Tesífone é a do meio.

Elas gritavam alto e com as unhas rasgavam o peito. Eu fui para junto do poeta, tomado pelo medo.

A *divina comédia* apresentou uma estrutura robusta o suficiente para elaborar o repertório de medos cristãos, sobretudo da heresia baseada em pecados carnais; as bruxas, em sua natureza profana, gozam de todos esses. É impossível ignorar a influência da obra na imagética e percepção do além, da vida após a morte e do submundo.

Prova disso é que, quase duzentos anos depois, o nome Hades surgiu outra vez evidenciando a ligação do submundo com o inferno e a condenação das bruxas: em *O martelo das feiticeiras*, os inquisidores citam o fantasmagórico episódio bíblico em que o rei Saul, disfarçado, vai até a bruxa necromante de Endor para que pudesse conversar com o fantasma de Samuel, que é chamado de "Hades" como se fosse um adjetivo para "morto/espírito":

A Necromancia é a convocação dos mortos e a conversação com eles, como mostra sua etimologia; porque deriva da palavra grega Nekros, que significa cadáver, e Manteia, que quer dizer adivinhação. E conseguem isto operando certo feitiço sobre o sangue de um homem ou de algum animal, sabendo que o demônio se deleita em tal pecado, e adora o sangue e seu derramamento. Pelo qual, acham que chamam os mortos do inferno para responderem suas perguntas, mas aqueles que se apresentam e oferecem as respostas são os demônios com o aspecto dos mortos. E deste tipo foi a arte da grande pitonisa, que se fala em I Reis XXVIII, quem levantou Samuel, por instâncias de Saul. Mas não pense que estas práticas são legais porque as Escrituras registram que a alma do Profeta justo, chamado de *Hades* para predizer o fato da iminente guerra de Saul, apareceu por intermédio de uma mulher que era uma bruxa.[3]

No início do século 15, a concepção de que a bruxa compactuava diretamente com o diabo já estava de todo formada.[4] Baseada em crenças populares e misoginia, passou a fundamentar-se também em documentação oficial através d'*O martelo das feiticeiras*, que servia como manual para a condenação.

É neste momento que a caça às bruxas alcança seu ápice, pois, a partir da década de 1430, as bruxas não atuavam mais sozinhas. Elas agiam em grupos e conspiravam coletivamente para ofender a cristandade e honrar o diabo — e assim foi popularizado o sabá: festim profano onde as bruxas participavam de orgias e banquetes ctônicos demais em seus elementos para serem vistos apenas como coincidências acidentais.

A cerimônia noturna e coletiva das bruxas em torno do diabo foi construída com base em crenças violentamente deturpadas do feminino obscuro e em elementos diretamente associados ao culto a divindades ctônicas. O bode preto era, em tempos antigos, a própria representação do deus Pã, além de ser uma oferenda específica a divindades do submundo, cujos cultos geralmente aconteciam fora da pólis e em ambientes agrícolas. Nas celebrações ctônicas, havia o sacrifício de sangue e práticas necromantes, tornando o rito visceral. Não era descartada a orgia em caso de celebrações dionisíacas, e nos rituais de devoção a divindades ctônicas era comum produzirem-se cantos e sons fúnebres facilmente interpretados como macabros.

O diabo do sabá das bruxas podia se transformar em touro, cavalo e carneiro, animais associados ao culto à rainha do submundo e a outras divindades obscuras. Nestes tempos de incentivo à castidade e à condenação do paganismo, tudo o que simbolizava a donzela iniciada na própria escuridão e que se tornava rainha — mudança representada em tempos ancestrais no mito de Perséfone — passou a ser algo demoníaco, insinuações de satanás na vida de jovens que, no período da puberdade, sentiam desejo em explorar o prazer pessoal. Como isso não era possível, Perséfone e seu mito viraram um símbolo da heresia lasciva atribuída à figura da jovem escolhida pelo diabo, a cordeira retida acima de qualquer suspeita e que lentamente se desvia do prado perfumado, afasta-se das outras ovelhas e é seduzida pelas insinuações de satanás. Com ele, a jovem se deita e, a partir dessa conjunção carnal, garante poder para ser temida, tornando-se a necromante e alquimista, a bruxa sedutora da floresta escura, envolvida com perfumes e poções.

A filha superprotegida do reverendo ou as moças que haviam acabado de menstruar eram vítimas perfeitas do demônio. Pensava-se que, no auge da juventude, criadas pela moral cristã e bons costumes, seria impossível as moças terem com o diabo por livre e espontânea vontade; com certeza, teriam sido ludibriadas e comido as sementes proibidas, perdendo o direito ao paraíso eterno para conviver entre demônios e seres infernais. As insinuações de satanás talvez acontecessem caso as meninas tivessem contato com mulheres solteiras, belas e independentes, que desenvolvessem trabalhos comunitários. Não demorava para que se percebessem mudanças demoníacas no comportamento das garotas: elas se viam tentadas a desafiar a conduta tradicional ao não se interessarem pelo matrimônio e sim por conhecimentos ocultos ligados à botânica, aos métodos contraceptivos, ao parto, à necromancia e aos saberes medicinais.

O espírito de Perséfone rondava a alma de jovens que buscavam romper com seus medos para iniciar uma jornada rumo à liberdade de serem elas mesmas. Infelizmente, muitas delas não puderam transicionar de donzelas para rainhas do próprio submundo: elas morreram antes, assassinadas por detalhes que eram naturais e foram transformados em coisas profanas. Hoje, na bruxaria, resgatamos esse rastro histórico de perseguição imposto às nossas ancestrais. E ao nos deparar com tamanha distorção pagã e misoginia, dizemos: "Pois que seja!". Sangue, vida e morte, ciclicidade, desejo, obscuridade, flores, fertilidade. Não fugimos da nossa condição de profanas, selváticas e hereges. Para nós, o êxtase e a honra pagãos são um ato de reparação histórica.

É assim que, nas entranhas da bruxaria, Perséfone residiu, e reside, indestrutível — uma força que, quanto mais podada, mais rompe, mais corrompe, mais sai da casca e floresce, exibindo suas facetas. Ela se torna mais poderosa e presente a cada tentativa de destruição. O patriarcado investiu muito para que essa deusa não representasse qualquer possibilidade de transformação pessoal. Sua estratégia é enquadrá-la numa dualidade performática, como se Perséfone fosse confusa, sempre à mercê dos caprichos da mãe e do marido. Impossível. Ela é intangível. Casou-se com Hades e estabeleceu morada em nosso inconsciente como plano de dominação mundial. Perséfone maturou faz séculos. Não há donzela indefesa para ser salva: há uma força terrivelmente fértil. Para o patriarcado mortal, é isso que a faz tão temível, porque, enquanto houver vida, haverá morte e possibilidade de metamorfose.

Sei de uma criatura antiga e formidável,
que a si mesma devora os membros e as entranhas,
com a sofreguidão da fome insaciável.

Habita juntamente os vales e as montanhas;
e no mar, que se rasga, à maneira de abismo,
espreguiça-se toda em convulsões estranhas.

Traz impresso na fronte o obscuro despotismo.
cada olhar que despede, acerbo e mavioso,
parece uma expansão de amor e de egoísmo.

Friamente contempla o desespero e o gozo,
gosta do colibri, como gosta do verme,
e cinge ao coração o belo e o monstruoso.

Para ela o chacal é, como a rola, inerme;
e caminha na terra imperturbável, como
pelo vasto areal um vasto paquiderme.

Na árvore que rebenta o seu primeiro gomo
vem a folha, que lento e lento se desdobra,
depois a flor, depois o suspirado pomo.

Pois esta criatura está em toda a obra;
cresta o seio da flor e corrompe-lhe o fruto;
e é nesse destruir que as forças dobra.

Ama de igual amor o poluto e o impoluto;
começa e recomeça uma perpétua lida,
e sorrindo obedece ao divino estatuto.
Tu dirás que é a Morte; eu direi que é a Vida.

Uma criatura, Machado de Assis

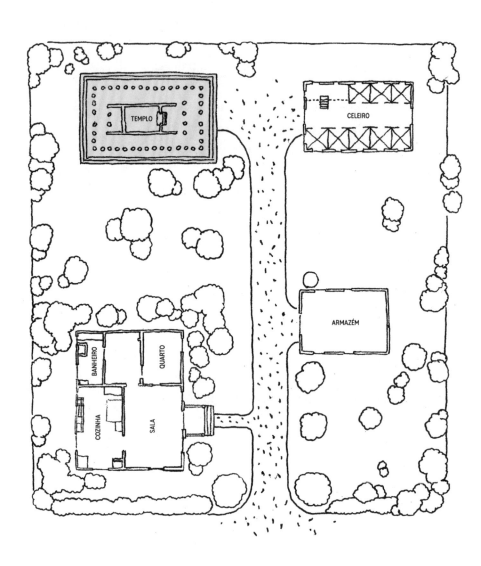

NA PROPRIEDADE DA RAINHA: O TEMPLO

Iniciar a devoção a Perséfone é como assumir o controle das transições e dos processos cíclicos vividos durante nossa jornada reencarnatória.

Essa decisão nos faz perceber a vida de forma diferente: entendemos os momentos de fim e de recomeço como processos iniciáticos na energia de Perséfone. No entanto, embora a devoção nos proporcione muitas bênçãos, também vivemos muitos desafios que fazem com que duvidemos do caminho que estamos trilhando.

Esses momentos são impulsionados pela energia de mudança e de renovação presente na natureza da deusa, tudo para que possamos aprender a exercer autonomia diante das dificuldades. Entretanto, é justamente durante os desafios que corremos o risco de cair no complexo da donzela vulnerável. Dessa maneira, sem perceber, podemos nos ver mais uma vez assumindo o papel da menina perdida e coadjuvante da própria vida, aquela que precisa ser salva e terceiriza as próprias responsabilidades espirituais, à espera de que alguém lhe pegue na mão e lhe diga exatamente o que fazer.

Quando isso acontecer, é importante olharmos para Perséfone enquanto modelo de soberania a ser seguido e não de donzela vulnerável, para que não tornemos divinas nem atribuamos à deusa questões ligadas a nossa sombra. Caso essa associação problemática ocorra, procuraremos soluções superficiais e placebos para tapar os buracos deixados por nossa dificuldade de nos expressar no mundo, a fim de fugir dos desafios internos aos quais a deusa nos incita — e a conexão com Perséfone será nossa desculpa.

A maturação é um dos principais domínios de Perséfone, por isso nossa autorresponsabilidade é testada ao longo de toda a jornada de conexão espiritual. Perséfone é uma deusa que se mostra preocupada e disponível a nos ajudar, desde que sejamos responsáveis com aquilo que nos comprometemos a fazer por nós mesmas. É por isso que um dos primeiros passos para se conectar com a deusa envolve conhecer práticas que nos ajudam a seguir com consistência e segurança, a fim de desenvolver a certeza de que somos capazes de empreender a jornada por conta própria.

Quando você utilizar sua principal ferramenta de poder — o corpo como templo —, as oferendas e símbolos da deusa ganharão uma natureza viva e pulsante em sua espiritualidade, garantindo-lhe os recursos necessários para assumir o poder sobre a própria jornada. A comunhão de seu corpo com os elementos associados à Perséfone permite que a deusa ronde sua alma e encontre nela o essencial para que você provoque a mudança. É preciso deixar que ela se aproxime, sussurre e permeie seu espírito, aguçando suas habilidades de bruxa, de feiticeira, pronta para a heresia de ser você.

Seus sentidos são portas por onde Perséfone passa sutilmente, e ela lhe revela seus sinais e virtudes. Lembre-se de que os artefatos e elementos descobertos por você no percorrer do caminho são potencializadores de uma força ancestral já armazenada aí dentro. Eles são canalizadores de uma energia maior e presente em cada partícula de sua existência. É hora de integrar corpo, alma e oferendas, aplicando todos os conhecimentos adquiridos nessa viagem para ciclar com a rainha do submundo. Monte seu altar, pratique os gestos mágicos e os insira pouco a pouco em seu cotidiano, e você verá que, com o tempo, você se sentirá cada vez mais confiante.

Purifique-se com a khernips

Popularmente conhecida como água lustral ou água sagrada, a khernips emana dos costumes que os antigos gregos tinham de coletar água de poços, fontes e cachoeiras. Eles a depositavam em jarros devocionais que costumavam ficar na entrada de templos para o processo de purificação antes de qualquer ritual e conexão com as divindades; muitas vezes, os templos eram até mesmo construídos em locais próximos de fontes e nascentes.

O uso da khernips foi provavelmente uma das práticas de purificação mais comuns e cotidianas realizadas na Grécia Antiga. Segundo as crenças gregas, a khernips permitia a limpeza de miasmas para que entremos em estado de purificação ritualística diante dos deuses e deusas, e alcancemos a *themis*, ou seja, a ordem natural e divina das coisas.

Hoje utilizamos a água consagrada na devoção a Perséfone para expulsão de espíritos atormentados e perturbadores, afastamento de daimons não convidados, limpeza de poluentes ambientais e reestabelecimento do equilíbrio corpo/mente/espírito. Após fazer sua khernips, utilize-a para limpeza do corpo a fim de consagrá-lo como templo de conexão com a deusa. Ela também é útil para a consagração de objetos ritualísticos, de altares e de plantas; para a purificação e bênção de animais, de crianças e de pessoas amadas; para lavar roupas cerimoniais e o chão após rituais. Para a preparação, utilize água do mar, de cachoeira, de poços, de fontes, da chuva ou mesmo água salinizada (filtrada com sal grosso).

Ingredientes

Água
Tigela
Vela branca
Erva de queima

Na tigela, adicione a água e acenda a vela branca. Queime a erva na chama da vela e, em seguida, posicione a erva bem perto da água, observando seu reflexo enquanto a fumaça lhe inebria os pensamentos. Você está em comunhão com os quatro elementos: água (na tigela), terra (erva escolhida), fogo e ar (queima e fumaça da erva). Deixe a erva queimar o máximo possível e, quando sentir que o momento chegou, jogue-a na água. Imponha as mãos na água e repita diversas vezes: "seja purificado".

Cuidados e orientações: armazene a água em um recipiente fechado, ou em algum frasco spray, para fazer aspersão (ato de borrifar água sagrada em algo ou alguém). Faça khernips quantas vezes desejar durante o mês, independentemente da fase lunar. Você pode utilizá-la todos os dias após conexões e magias com Perséfone, como forma de se proteger da influência de espíritos.

Consagre seu ambiente com fumigação

A fumigação é uma das principais práticas de proteção na devoção a Perséfone. No culto a divindades gregas do submundo, a fumigação era realizada para garantir a purificação dos espaços ritualísticos onde haveria alguma prática fúnebre. O principal objetivo da fumigação é eliminar agentes prejudiciais a nossa saúde psíquica. Assim como realizada no orfismo, quando recitada junto ao hino órfico à divindade, a fumigação consagra e prepara o ambiente para receber a força e a energia divina, também servindo para expulsar entidades e espíritos que não foram convidados a integrar a prática. A queima neutraliza a energia do ambiente e equilibra o contato com Perséfone e suas facetas ligadas à morte.

Realizar uma fumigação periódica lhe ajudará a manter seu ambiente protegido. Nos tempos ancestrais, o mais comum era queimar enxofre, porém atualmente a queima pode ser feita com carvão e ervas secas dentro de um turíbulo ou pequena pira. O ideal é que você sempre a faça depois dos rituais com a deusa, ou que separe uma noite de lua minguante por mês para fumigar seu espaço ritualístico.

Descarte no vaso ctônico

Viver como uma bruxa dentro de uma realidade capitalista e agitada nem sempre é fácil. Muitas vezes não temos tempo para realizar atividades simples, como nos deslocarmos para a realização de rituais próximos à natureza ou mesmo nos desfazermos corretamente das sobras dos rituais que realizamos dentro de casa. O vaso ctônico é um artefato que funciona como depósito de restos ritualísticos orgânicos. Ao invés dos restos de comidas e ervas serem jogados no lixo, a bruxa os enterra no vaso ctônico, realizando um descarte mais respeitoso dos materiais. O uso de vasos para diferentes finalidades era comum no culto a Perséfone; neles eram enterrados até mesmo crianças falecidas, além de sementes e oferendas. No caminho de devoção a deusa, você pode comprar um vaso da sua preferência e deixá-lo em seu jardim com terra fértil. Ao longo do mês, sempre que fizer um ritual ou feitiço para Perséfone, enterre os restos no vaso ctônico. Nos últimos dias do mês, vá até uma área verde com terra e faça uma cova, jogando a terra do vaso ctônico fora. Preencha-o novamente com terra e leve-o para casa; desta forma você não terá que se deslocar sempre que precisar enterrar os restos ritualísticos.

Mostre reverência com a khoí

A libação é uma prática que consiste em derramar líquidos para as divindades como forma de sacrifício e agrado. Essa prática ancestral demonstra nossa reverência a Perséfone, além de também matar a sede dos mortos, com um caráter de renúncia e respeito tanto aos deuses obscuros quanto às pessoas que já se foram.

Na devoção a Perséfone, fazemos a libação do tipo khoí: derrama-se o líquido diretamente na terra para que ela o absorva, nutrindo e alimentando as divindades subterrâneas e os mortos com nosso amor e devoção. Realize a khoí em qualquer fase da lua ou dia da semana, antes de rituais com Perséfone: cave um buraco no chão e verta o líquido de um vaso. O líquido oferecido aos mortos ou à deusa nunca deve ser consumido por nós, e cada um deles possui um significado e função na devoção:

Água: refrigério e intenções puras para com os mortos e Perséfone.
Sangue: vitalidade aos espíritos e, para Perséfone, representa sacrifício.

Melikatron (leite e melado): amansa e adoça os espíritos e a deusa.

Azeite cru: sacralização do ato, sinal de uma devoção fértil e próspera.

Vinho: representação do sangue divino e do êxtase em honrar a deusa.

Celebre o Peridípnon de Perséfone

O Peridípnon era o banquete fúnebre realizado na casa dos parentes do falecido, logo após o enterro. A família e os amigos próximos banqueteavam juntos e cantavam em reverência a aquele que se foi como uma forma de aplacar a saudade, reunir forças para enfrentar o luto e reduzir as fronteiras entre o mundo dos vivos e dos mortos. No caminho de Perséfone, o Peridípnon compreende um período de morte e finalização, onde reproduzimos os gestos solenes de um enterro helênico, velando nos últimos dias de cada mês situações, relações e sentimentos que precisam partir e serem enterrados. Sabendo que Perséfone era uma deusa criteriosa e muito ligada a tratativas fúnebres, o Peridípnon serve como um gesto de respeito em honra à rainha dos mortos, além de ser uma celebração que marca o compromisso da bruxa em reverenciar a morte e a finitude. O Peridípnon de Perséfone é a celebração da morte de um ciclo, que precede o renascimento de um novo mês repleto de possibilidades. Ele nos ajuda a fazer a manutenção energética e espiritual daquilo que, caso não venha a ser finalizado, poderá prejudicar nosso próximo mês. Trata-se, no seu sentido mais simbólico, de uma celebração da nossa própria capacidade de lidar com a morte. O Peridípnon de Perséfone gera um sentimento de que somos capazes de deixar no submundo aquilo que nele precisa ficar para passarmos por uma transformação espiritual. A celebração reverencia o nosso poder, como bruxas, de limpar os caminhos antes de abri-los.

Dia 1: Próthesis (antepenúltimo dia do mês)

Na Grécia Antiga, *próthesis* era o dia em que o corpo do defunto era apresentado aos parentes e amigos, ou seja, o velório. No *próthesis*, entramos em um estado de reflexão sobre o nosso mês, anotando em um papel tudo aquilo que desejamos finalizar e entregar aos poderes do submundo. Podem ser sentimentos, nomes de pessoas com as quais você deseja cortar laços, situações específicas, medos ou travas. Entregue o corpo (papel) no altar de Perséfone, deixando-o em uma urna ou um objeto que represente um caixão.

Dia 2: Ekphorá (penúltimo dia do mês)

Após o período de velório, uma procissão fúnebre chamada *ekphorá* era realizada em completo silêncio até o local de sepultamento. No local de enterro eram oferecidos bolos de mel chamados de (*melitoutta*) para Cérbero, o cão guardião dos portões do submundo, para permitir que o morto pudesse adentrar no reino tranquilamente. Na ocasião eram realizadas libações, ou seja, tombamento de vinho, leite ou água diretamente na terra. Nesse dia, em silêncio, caminhe até uma área onde haja chão de terra e faça uma pequena cova, depositando dentro dela três pães de mel para Cérbero. Logo em cima coloque o seu defunto (o papel velado no dia anterior). Enterre-o e, em cima da cova, faça a libação. Nessa ocasião você pode recitar o hino órfico a Perséfone.

Dia 3: Peridípnon (último dia do mês)

Após o sepultamento, os parentes retornavam para a casa para celebrar o *peridípnon*. Neste dia você deve realizar um banquete de celebração à sua própria capacidade de honrar a morte. É o dia para reverenciar a bruxa que você é, alguém que tem a foice nas mãos e sabe como usá-la para finalizar o que tem atrapalhado, pois sabe que, se não o fizer, essas energias voltarão a assombrar a vida futuramente. Neste dia prepare uma comida afetiva para você, podendo também estar relacionada ao que você enterrou. O Peridípnon deve ser a última refeição do seu mês, preferencialmente de noite. Embora tenha uma conotação funesta, é um momento de invocar a alegria e espantar sentimentos ruins. Na ocasião você pode colocar músicas que gosta para cantar e dançar enquanto toma uma taça de vinho tinto ou outra bebida que você prefira. Você pode acender uma vela na cor preta, untada com azeite para Perséfone, enquanto se alimenta. Perséfone nos ensina diariamente que somos merecedores do renascimento, mas não sem antes lidar com a morte. O *peridípnon* de Perséfone é um ritual da naturalização e sacralização do culto à morte na nossa vida como bruxas. A morte quase sempre é um evento coletivo que envolve outras pessoas, por isso, ao fim de cada mês você pode reunir-se com outros amigos para realizar um banquete coletivo, além de convidar para a ocasião conhecidos e parentes que estejam lidando com o luto de alguma maneira. Solte a criatividade e decore o ambiente com frases e objetos afetivos, nostálgicos e fúnebres. Você também pode abrir espaço para conversas sobre aqueles que já se foram, criando um ambiente mais leve e descontraído para se ter conversas difíceis. O *peridipnon* de Perséfone é uma celebração de retomada da importância de reverenciar a morte para desfrutarmos a vida e os dias que virão no próximo mês.

Registre os sinais de Perséfone através dos sonhos

Os sonhos não são apenas um caminho para acessar nossas sombras, mas também um portal para a morada dos mortos. O sono (Hipnos) e a morte (Tânato) são irmãos e integram o séquito oniros: uma corte de entidades do mundo dos sonhos que residem no plano espiritual dentro do submundo, conhecido como "Demos Oneiroi" ou "mundo dos sonhos", que fica próximo aos campos asfódelos. Por isso, anotar os sonhos é um importante exercício mágico para nos conectar com Perséfone enquanto soberana do mundo dos mortos.

No começo, talvez pareça bem complicado manter a frequência de registrar sonhos. Porém, se assim o fizer, você notará processos muito incríveis, como receber mensagens de espíritos ancestrais ou notar que você costuma estar em lugares semelhantes ao se deparar com os mesmos objetos e seres. Com as anotações, é possível construir um mapa dessas terras misteriosas. Assim que acordar, escreva palavras-chave, as primeiras que lhe vierem à mente, e depois use-as para desenvolver o restante da memória. Consagre um caderno a Perséfone para colar imagens inspiradoras e escrever poemas e invocações para recitar antes de dormir.

Prece dos Oniros

Hypnos, dai-me a dádiva do sono profundo
Fantaso, mostra-me o submundo
Fobertor, inevitável encontro medonho
Morpheus, tu que rege meu sonho
Que ao atravessar seus portões,
Eu acesse o divino e suas revelações!

O altar

Acenda a centelha e comece conscientemente sua jornada com a deusa: é hora de montar seu altar. Mesmo tendo em mãos o conhecimento dos elementos ancestrais ligados a Perséfone, é importante saber: seu altar, assim como você, poderá passar por muitas transformações ao longo do tempo, adaptando-se e mudando conforme a energia da deusa.

Aceitar as transformações que virão lhe ajudará a estreitar sua intimidade com Perséfone, de forma que, com o tempo, você terá mais perspicácia para perceber o *modus operandi* da rainha. Saiba que os elementos apresentados aqui não são estáticos, inanimados ou simplesmente adornos.

Você pode montar seu altar em um canto simples com flores colhidas ou compradas, perfumes e artesanatos, mas, dentre todas as oferendas, não há algo que atraia mais a rainha do submundo do que nosso próprio corpo. Perséfone é sedenta por sondar nossa mortalidade. Das profundezas de seu leito sombrio, ela desperta de seu sono entre as flores ao sentir o cheiro de nossas entranhas.

Os fios de cabelo perdidos na escova. As unhas cortadas ou quebradas que saíram sem querer, unhas que coçam, tintilam e arranham nossa pele sensível. As lágrimas derramadas a cada alegria ou desespero diante da angústia. O gozo que escorre por entre as pernas. Suor de cansaço ou de prazer. Sangue, anunciando o fim e o recomeço do nosso ciclo menstrual. Perséfone quer os restos. Dê-os sem demora como sinal de devoção. Ela os guardará em algum lugar querido e lhe concederá um novo corpo que caminhará livre e seguro no submundo sem afetar sua vida terrena.

Sempre que você entregar parte de suas entranhas a Perséfone, ela reconhecerá sua devoção — levará com ela o peculiar presente e lhe deixará algo em troca como sinal de afeto.

CABELO (PEQUENA DOSE/BAIXA FREQUÊNCIA DE OFERTA)

Uma pequena trança no altar: proteção para comungar com espíritos e entidades do submundo. Garantia de entrada e saída do submundo.

Uma pequena trança de criança no altar: proteção contra abusadores e pessoas cruéis.

Alguns fios num prato com flores: descida ao submundo.

Queimar restos do novo corte de cabelo: apoio para renascer.

UNHAS (PEQUENA DOSE/FREQUÊNCIA LIVRE DE OFERTA)

Queimar uma unha que quebrou sem querer: força e crescimento.

Queimar unhas de criança: adaptabilidade para a vida e audácia.

Queimar a primeira unha quebrada depois de parar de roê-las: apaziguamento de ansiedades e confiança.

Unhas queimadas com ervas: proteção e soberania.

SANGUE (PEQUENA DOSE/BAIXA FREQUÊNCIA DE OFERTA)

Menstrual, derramado na terra: apoio para renascer/transformação.

Derramado por acidentes (não propositais): cicatrização e coagulação.

Picada de agulha: costura de feridas emocionais.

Parto ou nascimento: apoio para renascer.

Placenta: nutrição no puerpério/autossustentação.

LÁGRIMAS (PEQUENA DOSE/OFERTA ÚNICA A CADA ACONTECIMENTO)

Tristeza por término de relacionamento: acolhimento e resistência.

Luto por morte: acolhimento e resistência.

Lágrimas de felicidade: prosperidade afetiva e material.

Abusos (físico, sexual, moral): justiça, punição, expurgação.

FLUIDOS SEXUAIS (PEQUENA DOSE/OFERTA PONTUAL)

Sêmen: fecundidade, autoconfiança e transformação.

Lubrificação vaginal: soberania, autoconfiança e poder pessoal.

SALIVA (PEQUENA DOSE/FREQUÊNCIA LIVRE DE OFERTA)

Cuspir em feitiços: justiça e destruição.

Untar velas com saliva: comunicação e assertividade.

Selar cartas e sigilos com a língua: segurança e fidelidade.

Lamber frutas ou flores: manipulação e desejo.

PARTE 6

A RODA DAS ESTAÇÕES DE PERSÉFONE

Genealogia

Ela está aqui. Mais pulsante e presente do que nunca. Sempre esteve. Tudo começou na completa escuridão uterina: desde quando éramos geradas no ventre escuro como sementes, o submundo foi a nossa primeira casa. A placenta sanguinolenta se desenvolvia e dava forma a um novo órgão, uma raiz visceral aderida ao ventre da mãe, extraindo nutrientes para nosso pleno desenvolvimento.

Perséfone ainda era um eco distante dentro de nossa consciência, enquanto operava muito viva, motivando-nos ao princípio da transformação cíclica, cuja duração era de aproximadamente nove meses. Com a formação de nosso sistema excretor, o processo de nutrição e de soberania já estava em funcionamento, engolindo líquido, urinando e engolindo novamente, sucessivas vezes. Ali, a deusa nos mostrou que amadurecer tem a ver com vísceras, ciclicidade, profundidade e nutrição oculta.

No dia de nosso nascimento, aquela que traz a morte chegou com sua foice cortante e sua cesta sagrada para colher o que lhe era de direito, e para assistir a sua obra: o fim e o começo de duas vidas. A mãe sentiu o nascer se aproximar, e com isso a morte de quem era. Quase ninguém fala sobre o parto ser um fim, mas a morte do nascer chega para toda Deméter: quando ela se vê diante do desconhecido, admirando o rebento que é a própria representação da beleza e do espanto diante do mistério da existência. O nascimento é o dia em que somos consagradas como crias da senhora da transformação.

O eco distante tornou-se um sussurro muito próximo em nossos pequenos ouvidos e a audição tornou-se o sentido mais aguçado, porque enxergamos apenas vultos fantasmagóricos, que só tomarão forma em preto e branco nos dias seguintes. Perséfone sondava nossa alma e motivava os primeiros gestos de autonomia: o desejo de romper a escuridão e vir para a luz; a primeira coroação, quando nossa cabeça atravessou o portal para a vida; e enfim o corte do cordão umbilical: a primeira respiração independente, e uma corrente sanguínea só nossa. Circulação por conta própria. Por fim, a descarga emocional: o choro como resposta diante da libertação do nascer.

Sua presença permaneceu nos primeiros tombos, arranhões, pequenos acidentes, quando ela tentava nos ensinar que o mundo é complicado. É um equívoco pensar que Perséfone mora nas ilusões e utopias da juventude. Na inocência dos nossos passos. Esse é o paraíso no qual todos nós fomos ensinados a acreditar. Perséfone é o incitamento para a perspicácia, a curiosidade e a audácia de investigar nossa própria vontade, sobretudo para as coisas que pai e mãe não aprovariam pela lei divina de Deus. A deusa é aquela que traz a morte — transgredindo a linha previsível dos fatos — e a quebra da expectativa daquilo que a família e o mundo projetaram sobre nós. O desejo oculto, em estado de dormência, até que, em certa idade, em algum momento de nossas vidas, sejamos dispersas da redoma para nos derramar em um subsolo fértil o suficiente para incitar nosso processo de maturação. Nessa fase da vida, Perséfone aparece mais notável do que nunca; porém, antes de ser nossa chance de renascimento, ela é a própria motivadora do fim. Revela o segredo e expõe a causa justa e necessária para que fujamos da condição de coadjuvantes das próprias vidas. Ah, as maquinações sombrias e florais de Perséfone! A mesma que no rompante traz a morte é a portadora da vida. Viver. Não "sobreviver", como aprendemos. É mais. Além. No além e aqui. Perséfone. Um acontecimento. Uma fatalidade. Uma chance de renascimento que incita nossa alma com incontáveis estigmas — cicatrizes. Perséfone é o êxtase e o assombro diante da própria inevitabilidade do fim.

É nos momentos importantes de transição da vida — morte de alguém querido, menarca, saída da casa dos pais, parto, separação, menopausa, aceitação de nossa sexualidade, encerramento de ciclos — que tomamos consciência de que precisamos amar a deusa para que possamos suportar o denso instante entre o fim e o recomeço.

Perséfone é a inquietação que nos toma quando, nesses momentos, somos movidas e levadas por uma profunda necessidade de mudança: um movimento primitivo, um impulso para a transição. Ela vai contorcendo nossas entranhas necessitadas de renovação. É quando nos despedimos da kore, a donzela vulnerável e despreparada, vítima perfeita do patriarca Zeus. Iniciamos nossa própria jornada rumo ao desconhecido de nós mesmas. Unimo-nos a nossa sombra nos mausoléus de nosso submundo; com ela, nos integramos num casamento alquímico, sexual, oculto, encerrado nos confins de nossa própria escuridão — de onde aprenderemos a reinar entre os demônios construídos desde o primeiro choro neste mundo.

Lá na morada sombria, na misteriosa terra chamada inconsciente, aprendemos com Perséfone e com Hades as mentiras que o mundo nos conta sobre o abismo onde só existem putrefação, dor e sofrimento. E não é que não existam — aliás, esse é o perigo —, mas é que quase ninguém fala sobre as riquezas perdidas pela repressão, pela violência e pelo abuso; riquezas que podem ser encontradas e trazidas para a luz, que são a própria vida e a consciência da possibilidade de materialização de nossos anseios reprimidos.

Somente no submundo é que habita a possibilidade de recuperarmos pedaços de nosso ser consumidos pela perda, pela dor, pela saudade, pelo fim. Aprendemos com Perséfone, e com sua jornada ao submundo, que sofrer é um dos tantos sentimentos que fazem parte da vida, mas partir devido ao sofrimento é interromper a *grande obra*. O plano da deusa é nos fazer retornar em uma nova versão, angariada pelos recursos obscuros e férteis de Hades: nutrição, maturação sexual, produção de preciosidades, enfrentamento do luto e resiliência para investigar e descobrir o potencial escondido em nossa própria escuridão.

A dificuldade em promover a transformação pessoal e se libertar dos traumas, das dores e das angústias para manifestar nosso eu mais autêntico existe porque não fomos ensinadas a amar Perséfone em sua imprevisibilidade e sim instruídas a não aceitar sua proposta macabra de integração com nossa sombra.

No entanto, preciso avisar: dói. Somos confrontadas e chamadas a despir nossas máscaras e a contemplar nosso corpo oculto. As cicatrizes. Dói quando a mão funesta e maternal da deusa segura a nossa e diz: "Toque. Sinta. Você precisa continuar, mova-se. Veja aqui. Toque. Sinta. Não vai abrir novamente. Estamos trabalhando nisso", *mas* isso também nos liberta. Perséfone é a motivação e a confiança diante da ferida que sua própria natureza inevitavelmente provoca. Ela é a certeza do renascimento que não nos ensinaram a empreender. E aqui está o convite que Perséfone nos faz todos os dias:

Roda das Estações de Perséfone

Celebrações sazonais da deusa

Desvende meus segredos sobre a morte e você se tornará mais forte para enfrentar a travessia entre o fim e o renascimento. Somente assim, perceberá que o vácuo obscuro da mudança é meu útero de regeneração. Eu sou o impulso sagrado da ciclicidade, o eterno mistério do nascimento de versões mais confiantes e maduras de si.

> *Quando a roda gira,*
> *ela vem tenebrosa com sua foice cortante,*
> *sendo também a provocadora do fim.*
> *Temível e arrepiante rainha das sombras.*
> É a própria vida nas vísceras e crueza dos fatos.
> *Nas lágrimas salgadas de alegria ou saudade,*
> *nos dedos e nos corpos se derramando,*
> *em orgasmos desapegados do medo do diabo.*
> *Bela e assustadora. De amores e ódios.*
> *Sagrado grão. Sagrado grumo.*
> *Coágulo sanguíneo, na ferida ou decomposição.*
> *Perséfone!* Necromantis! *Reanimadora visceral de corpos!*
> Kathársis! *A libertação e expurgo dos nossos medos enraizados.*
> *Ela está faminta, desejosa, é chegada a hora da transformação.*

A Roda das Estações de Perséfone foi canalizada em minha jornada mágica com a deusa ao longo dos anos, sendo composta de quatro festivais sazonais que atravessam os mistérios da deusa a partir do seu mito, que deu forma ao ciclo das estações.

Por muito tempo, segredei e validei cada uma das vivências esperando que chegasse o momento certo de dispersar as sementes. A energia aberta em cada um dos festivais se estende ao longo de todo o período da primavera, outono, verão e inverno, sendo uma jornada de imersão profunda nos saberes ocultos da deusa. Um despertar da magia do autoconhecimento a partir da conexão com a ciclicidade que existe dentro e fora de você. Ao ciclar com a Roda das Estações de Perséfone, você incorpora o poder da botânica oculta através dos rituais, transformando-se em uma flor de reprodução sexuada enquanto seu ritmo é orientado a partir das estações. Para Perséfone, toda alma humana é uma semente com potencial para se desenvolver inúmeras vezes, em um ciclo eterno de cocriação.

Nesta imersão devocional com a deusa, somos capazes de despertar o *Mysterium Magnum* oculto em nosso ser para que manifestemos nossas características únicas no mundo e vivamos uma vida que, embora continue sendo desafiadora, é autêntica e apaixonante.

Quão profundas serão as raízes a nutrir sua jornada daqui para a frente? Como se formará a sustentação de seu caule? Como será a beleza peculiar de suas folhas e flores? Perguntas assim serão respondidas a cada ciclo de desenvolvimento pessoal vivenciado ano após ano, para o resto da vida, e depois no reino de Hades, no qual você adentrará com mais experiência e sabedoria. Você deverá encontrar as respostas através de dedicação, de empenho e de coragem para incitar esse processo de transformação por livre e espontânea vontade.

É um caminho autônomo que, embora possa ser celebrado em coletivo, inclui algumas atividades que jamais poderão ser terceirizadas, já que é simplesmente impossível que qualquer outra pessoa seja capaz de garantir nossa floração. Por isso, é um trabalho que exige comprometimento pessoal e persistência. A principal intenção é que você procure conscientemente mediar seu processo de transformação pessoal e, para isso, utilize o poder de uma estação (externa) e sua energia ancestral associada a Perséfone, absorvendo a força da natureza para lhe ajudar a viver cada fase do processo (interno) com mais eficiência e conexão com os mistérios cíclicos da deusa. Ao se abrir para viver cada celebração de forma única e gerenciar com mais soberania sua jornada de autoconhecimento, você notará de forma mais consciente e explícita as mudanças que tem realizado em sua vida.

A consciência no processo cíclico é algo muito poderoso. Facilitará sua jornada se você se colocar em estado de abertura espiritual para sentir como cada estação influencia suas emoções. Isso não significa que você deve seguir esse processo se baseando no que costuma ver na internet sobre a energia das estações. Procure alinhar a as celebrações a como verdadeiramente é a primavera, o verão, o outono e o inverno no seu entorno, região e realidade.

Cada estação é única em cada canto do país, por isso utilizá-las como feitiço para nossa transformação traz consciência, estado de presença e aterramento, recuperando nosso senso de pertencimento no mundo e contribuindo com nossa jornada de morte e de renascimento. Ignorá-las é um desperdício mágico em nosso caminho espiritual. Ao alinhar o ritmo das estações de fora para dentro, você vai adquirir habilidades necessárias para despertar a feitiçaria de dentro para fora, vivendo, então, de forma mais profunda e livre.

A partir dos festivais, Perséfone passará a se apresentar em sua vida de uma forma espiritual e profunda, mas ainda assim misteriosa, como de costume. Por isso, preciso avisar que a deusa gosta de jogar com nossas emoções e faz isso de uma forma enigmática. O medo é parte natural do processo de conexão inicial com Perséfone — o sentimento, aliás, é necessário não só para mensurarmos nossos limites pessoais, mas também é a primeira sombra a ser trabalhada na devoção. Uma bruxa comprometida com sua jornada de coroação é aquela que entende que o medo é a principal ferramenta de controle de nossa natureza selvática. Na Roda das Estações de Perséfone, aprendemos que nossa relação com o medo não deve ser de fuga, mas de aceitação de que o sentimento é um aliado para encontrarmos o caminho de imersão em nosso submundo pessoal. Ao iniciar esse movimento cíclico, você enfim aceita as instigações da deusa e segue o rastro da espectral rainha do submundo. Atente-se ao caminho para sentir a presença e o comportamento de Perséfone em sua vida através de seu próprio ciclo de crescimento botânico, manifestado em magias e rituais tão provocativos quanto as sementes de romã.

O selo ctônico

O selo ctônico funciona como uma poderosa barreira, impedindo a interferência de espíritos, entidades e energias perniciosas que tentem participar dos seus rituais. Em um primeiro momento, ele atua drenando o poder do que tentar transpor seus limites de forma que, ao chegar na borda do círculo, a energia do ser esvai quase que completamente. É então que a energia ou entidade é devorada pelo poder da terra por meio de sua força em aspecto movediço, sendo redirecionada ao submundo. Só atravessam o filtro e são permitidas dentro do círculo as energias que a bruxa convidar ao ritual por nome ou pronunciação; por isso, não esqueça de utilizá-lo e, caso precise abandonar os rituais, você jamais deverá pular o círculo ou pedir licença. Isso não funcionará, pois os elementos alquímicos não entendem essa linguagem. É preciso desfazer todo o círculo e refazer novamente quando voltar.

*Sempre que for abrir seu círculo mágico com terra, transfira esse selo ctônico de proteção para um papel e o posicione **exatamente** como mostra a figura. Coloque-o sempre em cima do local de fechamento do círculo.*

Proteção ritualística

Spóros
(Solstício de verão — 20 a 22 de dezembro)

Spóros é a festa de dispersão da semente que acompanha a chegada do verão. Toda semente carrega em si o desejo de maturação. Sua origem é o resultado da fertilidade da natureza e exala uma sexualidade latente, oculta e incubada. Ela espera que um dia, por circunstâncias acidentais ou talvez destino, seja lançada para uma nova terra, onde será enterrada lenta e profundamente no subsolo para conhecer outro lado da fertilidade: aquela que se desenvolve longe de todos os olhares, aquela que acontece de dentro para fora.

Na natureza, num processo chamado dispersão, as sementes são lançadas a longas distâncias por animais, por seres humanos e pela chuva. No mito de Perséfone, o solstício de verão marca o momento em que a deusa é conduzida para um solo suspeito e tem seu destino controlado por maquinações de Zeus. Ela é lançada como uma semente dispersa, pega de surpresa, mesmo que inconscientemente tenha sido atraída por um desejo íntimo e pessoal de transformação. Por uma tendência narcísica da juventude, a deusa sai da zona de conforto e se afasta da redoma segura e da presença das ninfas ao ser atraída pela flor hipnótica e mística — tudo isso culmina em uma jornada assustadora e profunda ao encontro de si mesma.

O rapto se revela, então, como um doloroso processo de distanciamento da vida até aquele momento, da ideia de felicidade ou de quem se é. Na festa de Spóros celebramos a chegada do verão, que representa o ápice da luz: expondo as sombras, derretendo projeções e anunciando o começo de uma jornada ao interior do nosso ser, pois, embora a estação seja comumente associada à manifestação e à felicidade, ela também representa a exaustão e o excesso. O sacrifício da donzela e o fim de um ciclo na superfície. O auge da quimera e o início da decadência. A saturação.

No Brasil, o verão acompanha as festas de final de ano, geralmente um período de muita instabilidade emocional. É uma fase de provação para grande parte das pessoas. O excesso de cobrança para renascer diferente no próximo ano vai contra o ritmo cíclico da próxima estação, que é o outono.

O espírito de confraternização costuma servir de desculpa para reconciliações compulsórias e superficiais, o que termina por ampliar sentimentos de deslocamento. A imposição de padrões e expectativas de uma vida "plena" é endossada nas propagandas que retratam uma família tradicional e um estímulo desenfreado ao consumismo como forma de tapar buracos da alma sedenta por renovação. É comum descarregar sentimentos reprimidos de culpa e de angústia na bebida e na comida.

De uma forma coletiva e inconsciente, o fim de um ciclo anual, mesclado à estação mais quente, gera uma pressão para performar diante da família e do círculo social — isso faz com que muitas pessoas se vejam forçadas a participar de rituais que remetem a acontecimentos desagradáveis e repressivos.

O verão representa uma profusão de sensações que podem ser exageradas e confusas. Algo entre felicidade e melancolia. É o sentimento do rapto pairando pelo ar quente. Na festa de Spóros, Perséfone nos convida a usar a sabedoria do fogo para sacrificar aspectos imaturos da nossa personalidade: se direcionado, ele nos impulsiona ao submundo. É a ativação da semente. A conversão da raiva, da saudade, do ódio, da dor, da inveja, do rancor, da opressão e das sombras em possibilidade de transmutação.

Provocações da deusa no verão: embrião-semente

Durante a vida, é comum tentarmos forjar uma imagem superficial de transformação pessoal que não é verdadeira. A necessidade de validação coletiva nos leva a violar nossos princípios para promover uma floração (personalidade) que não é autêntica. Perceber essa condição de performance é algo doloroso, que vem acompanhado do luto de uma projeção sobre nós mesmas e nosso processo de autoconhecimento, em constante lapidação. Durante esse luto, pode haver uma desconexão com a própria imagem, causada pelo reconhecimento de que ela foi moldada para agradar o outro a fim de cumprir um determinado padrão.

É um momento de muita instabilidade em relação ao nosso papel no mundo enquanto indivíduos: talvez ocorra o despertar de sentimentos ocultos de inveja do outro; tentativas de reproduzir gestos e comportamentos de pessoas vistas por nós como originais; adesão de um estilo completamente diferente de forma muito abrupta; promessas irreais e significativas para o próximo ciclo. Em curto espaço de tempo, o vácuo é evidenciado e traz um sentimento de que estamos fora do corpo ou vivendo de forma vaga. É nesse momento, quando nos perdemos de nós mesmas, que a deusa nos convida a um processo de renascimento: ele começa com a morte e com o sacrifício de partes deformadas da nossa personalidade contaminadas por traumas e repressões. Ao aceitarmos as provocações da deusa, Perséfone recupera a autoria do processo de modelagem de nossa essência como indivíduos no mundo, começando pela morte a partir da crise existencial:

> Quando Cura [Perséfone] estava atravessando certo rio, ela viu uma lama argilosa. Pensativa, ela a pegou e começou a modelar um homem. Enquanto refletia sobre o que havia feito, Júpiter [Zeus] apareceu. Cura pediu-lhe para dar vida à imagem, e Júpiter prontamente concedeu. Quando Cura quis dar-lhe o próprio nome, Júpiter proibiu e disse que o nome dele deveria ser dado. Porém, enquanto discutiam, Tellus [Gaia] se levantou e disse que deveria ter o nome dela, já que ela havia dado o próprio corpo. Eles tomaram Saturno [Cronos] por juiz, que pareceu ter decidido: Júpiter, já que você lhe deu vida, leve a alma dele após a morte. Já que Tellus ofereceu o próprio corpo, deixe que ela receba o corpo dele.

Já que Cura o formou, deixe que ela o possua enquanto ele viver. Mas, visto que há controvérsias sobre o nome dele, chame-o de homo, pois parece ser feito de húmus.[1]

É a partir do calor do verão que a deusa nos remodela e concede uma forma embrionária: a semente. Por isso o verão está associado ao sacrifício da donzela vulnerável (aspectos imaturos e não trabalhados da nossa personalidade). Para que a transformação cíclica aconteça, você precisa carregar o espírito de fogo, a fim de que, por conta própria, saia do lugar atual de aprisionamento ao problema para se lançar em um solo fértil e aceitar a descida ao submundo. O que florescerá ao fim do processo será uma versão mais autêntica de si, pois o conteúdo encerrado em você virá para fora, e muitas vezes não é algo aceito socialmente pelo patriarcado ou pela educação à qual fomos submetidos. Trata-se de um conteúdo autoral, íntimo e pessoal, comumente visto como herético.

CORRESPONDÊNCIAS
SPÓROS (SOLSTÍCIO DE VERÃO)

Dias de poder:	20 a 22 de dezembro (solstício de verão).
Horário de poder:	manhã.
Estágio botânico:	dispersão da semente no solo fértil.
Autoconhecimento:	condicionamento daquilo que nos prende e limita ao calor; derretimento de barreiras e direcionamento do fogo para incitar o processo de iniciação; acesso à centelha interior e sacrifício de kore.
O que aconteceu nessa época:	o rapto de Perséfone.
Energia da celebração:	início do fim, preparação para a descida, retorno à forma essencial; iniciativa e saturação que nos submetem ao calor para dissolução.
Cores:	vermelho (desejo incubado da semente); amarelo-ouro (fogo inflamável e transformador).
Arcano do tarot:	O sol.
Altar:	vaso, chifres de cabra, colmeia, foice, cesta, sementes, grãos, velas, flores e ervas secas, símbolos solares, objetos dourados, fotos e objetos de infância.

Pedras e cristais:	Jaspe vermelha: força vital e honestidade com você.
	Pedra de lava vulcânica: erupção do processo e maleabilidade para a transformação.
	Âmbar: transmutação interior e força.
	Sardônica: transmutação do ódio e da raiva, trazendo inteligência para lidar com o fim.
	Granada: coragem e impulso para mudança.
Fase mais influenciada da menstruação:	ovulatória.
Alimentação:	melancia, melão, morango, hortelã, menta, ameixa, uva, pêssego, abacaxi, mamão, limão, berinjela, pepino, tomate, rúcula, chicória, agrião, couve, gengibre, vagem, acelga, jiló, dente-de-leão. Priorize alimentos amargos, adstringentes e suculentos para armazenar energia. Bebidas alcoólicas em excesso, carnes, comidas gordurosas, picantes e doces tornam a descida mais densa.
Aromas:	frutais e frescos.
Domínios da deusa:	chamado para a transformação; exposição de deformações psíquicas e espirituais; início do desenvolvimento de uma versão mais autêntica do nosso eu.

Vaso semente

Um artefato para ancorar sua transformação.

Deve ser feito na primeira semana do verão, preferencialmente na celebração de Spóros (solstício de verão).

Ingredientes

1 vaso pequeno de barro

1 pincel

Tintas vermelha e dourada

1 vela vermelha

1 foto sua de infância

Óleo de girassol

1 pedaço de argila (massa)

Durante o dia, antes do meio-dia, pinte o vaso com a tinta vermelha (isso representa o sacrifício e a entrega ao processo de transformação pessoal).

Concentre-se em cada fase da pintura. Dê três demãos. Preste atenção em como manipula o pincel, as formas e a tensão ou a leveza nas mãos.

Após a secagem da tinta vermelha, desenhe com a tinta dourada, espontaneamente, um sigilo que lhe represente na forma de uma semente. Deixe secar ao sol do meio-dia.

Depois de completamente seco, coloque o vaso-semente em seu altar com terra fértil. Com o óleo de girassol, faça em sua fotografia o mesmo sigilo do vaso e queime-a na chama da vela. Enquanto o fogo reduz a imagem a cinzas, sua criança surge na chama da vela: perceba como ela está e o que ela faz; qual sua expressão? Em poucos segundos, ela vai desparecer.

Registre todos os seus sentimentos. Reúna as cinzas, faça um buraquinho na massa de argila e deposite as cinzas dentro dele. Feche a massa e modele-a a seu gosto na forma de uma semente. Deixe-a no sol até o entardecer. Após a secagem, deposite a semente dentro do vaso e conclua o ritual recitando o hino órfico à deusa (consulte a página 217).

Este vaso é um artefato necromante que pode ser enterrado com você no fim da vida. Até lá, espera-se que ele contenha muitas sementes, sendo uma demonstração de que você morreu e renasceu muitas vezes com Perséfone.

Ritual Aglaomorphe

Para incorporar sua forma-semente. Deve ser feito na primeira semana do verão, preferencialmente na celebração de Spóros (solstício de verão).

Ingredientes

1 tigela pequena com 4 colheres de sopa de argila vermelha

1 xícara de terra

1 saquinho de sementes de girassol

1 espelho

3 colheres de sopa de água fria

1 vela vermelha

(Estar de vestido, camisola ou pijama)

Em um dia ensolarado de verão, às 13h, acenda a vela vermelha e posicione todos os itens dentro da área onde será traçado o círculo mágico (deixe o espelho e a vela diante de você). Pegue a terra e comece a traçar o círculo mágico ao seu redor. Depois, posicione o selo alquímico de proteção na ponta de encontro entre o começo e o fim do círculo. Pegue as sementes e jogue-as em cima da terra do círculo mágico. Ajoelhe-se no centro do círculo e entoe:

> *Majestosa Perséfone Aglaomorphe*
> *Poderosa rainha dotada de bela forma,*
> *Neste rito diante de ti apresento meu corpo*
> *Minhas vísceras exponho, minhas cicatrizes ocultas,*
> *As feridas e perturbações do meu espírito.*
> *Habite meu pensamento,*
> *Aqueça minha alma enrijecida pela sombra,*
> *Modele meu corpo-templo.*

Retire suas vestes e mostre seu corpo à deusa. Seja completamente real com seus sentimentos sobre si e sua aparência. Não é preciso se esconder diante de Perséfone. Tenha coragem de mostrar suas vulnerabilidades físicas, emocionais e espirituais e expresse seu desejo em mudar esse sentimento.

Enquanto você olha seu reflexo no espelho através da chama, perceba seu corpo se aquecendo pouco a pouco. Um calor confortável que lhe toma cada parte do ser. Concentre-se na sensação e deixe-se tomar por ela. Quando sentir o calor no corpo inteiro, derrame a água na argila e mexa-a com o dedo indicador até formar uma pasta. Comece a entoar repetidas vezes: "Aglaomorphe. Aglaomorphe. Aglaomorphe", enquanto passa a argila em todas as partes do corpo (rosto, braços, pernas, pés). Por meio do poder ctônico, terroso e úmido, deixe que Perséfone reformule seu corpo e o modele como uma semente sagrada. Observe-se no espelho ao fazer isso.

Talvez a deusa lhe instigue a desenhar sigilos e formas específicas, então deixe que ela se apresente na maneira como você faz esse rito, que pode ser mais violento e enraivecido ou mais acolhedor, ou talvez alterne, a depender dos sentimentos que vierem até você no momento. Respeite isso, pois Perséfone usará o próprio poder da matéria mineral e de suas mãos para lhe transmitir seu poder pessoal, vitalidade física e transformação de corpo e alma.

Pense na deusa equilibrando e distribuindo energia por seu corpo, retirando suas partes doloridas, exaustas e corrompidas e remodelando aquelas que necessitam de uma nova forma, tudo isso enquanto você se cobre de argila. Deixe que Perséfone modele a semente à própria maneira. Quando sentir que ela está se despedindo, finalize o rito e desfaça o círculo mágico do mesmo ponto que você o abriu, agradecendo à deusa pela presença. Coloque o selo e a terra com sementes na xícara e depois tome um banho como de costume. Em até 24 horas, enterre o selo e descarte a terra-semente num canteiro, numa área de parque ou num bosque e a regue em honra à deusa.

Atos mágicos do verão

Os atos expandem a energia impulsionada na celebração.

- Secar flores e ervas.
- Tomar banho de sol diariamente.
- Presentear sua criança interior com algo que ela sempre quis.
- Queimar objetos de apego obsessivo a pessoas e coisas.
- Caminhar ao ar livre e descalça em parques e bosques.
- Beber muita água para se hidratar (você vai precisar!).
- Absorver intencionalmente a energia de frutas, pedras, ervas e comidas para imbuir seu espírito de capacidade de autonutrição durante o processo de descida que acontecerá em breve.

Vlastáno

(Equinócio de outono)

Vlastáno é a festa do germinar da semente. Quando se encontra em solo fértil e adequado para seu desenvolvimento, a semente recebe sinais de que finalmente é hora de iniciar a germinação. O embrião desperta e entende que é momento de romper seu envoltório e iniciar o crescimento. Espreguiçando-se, ele empurra a casca da semente e dá forma a uma pequena raiz e suas primeiras folhas. Na botânica oculta, são chamadas de placenta da planta, sendo responsáveis por captar energia para a nutrição da muda. A germinação só é possível quando a semente percebe que, no solo em que foi enterrada, há temperatura, água, oxigênio e nutrientes suficientes para crescer.

No mito de Perséfone, sua chegada ao submundo durante o outono é carregada de mistério. Talvez a autora tenha mantido segredo propositalmente, porque o desenvolvimento das sementes sempre representou uma alquimia oculta no interior do solo. O que sabemos é que se Perséfone, desde os tempos antigos, representa o grão/cormo/semente, para ter retornado como rainha do submundo ela precisou passar pela germinação.

No submundo (após se ver em uma nova terra e distante de sua mãe), a semente Perséfone teria recebido sinais de que ali haveria condições ideais para maturação. Uma figura suspeita que talvez tenha motivado esse processo mágico é Hékate. No mito, a deusa escuta Perséfone sendo raptada, mas é apenas depois de nove dias que ela conta para Deméter sobre o sequestro. Onde estaria Hékate esse tempo todo? Ela aparece de novo somente no fim da história, quando Perséfone reencontra Deméter, sendo titulada como governanta de Perséfone no submundo.

Basta conhecer minimamente a natureza da mãe das feiticeiras para termos certeza de que Hékate não recebeu esse título à toa, tampouco se esqueceu de avisar Deméter.

A festa de vlastáno no equinócio de outono demarca o início da fase em que Perséfone passa a interagir com o submundo, tendo Hékate como sua guia e acompanhante. Depois do susto, surge a curiosidade e o desejo natural da semente: ela se vê em um ambiente repleto de afluentes possibilidades de nutrição, respiração e existência. Hékate é uma força poderosa e oculta que conduz a donzela na escuridão, incita-a para romper a casca e sair dela — assim, Perséfone reafirma que se interessa muito mais por esse mundo estranho do que pensava. Quando a pequena raiz do embrião começa a descer cada vez mais fundo e a interagir com a terra úmida, algo desperta entre Perséfone e Hades: os primeiros contatos, os sinais silenciosos. Ainda é cedo para propostas. A deusa está muda. É uma muda. Ela apenas sente a experiência da morte e da transformação.

O outono é uma estação muito poderosa, carregada de energia ancestral capaz de abrir os portais para o reino de Hades para que nós, como sementes, possamos adentrar no submundo com a deusa e germinar. Nos tempos antigos, eram celebrados os mistérios maiores e havia festivais de colheita e de plantio dedicados à deusa, que saudavam seu retorno como rainha dos mortos. Por isso, nessa estação, Perséfone nos instiga ainda mais à descida. É possível, portanto, notar a presença da deusa incitando a morte de nossa antiga versão assombrada por situações ou acontecimentos perturbadores necessitados de transmutação.

Talvez a deusa nos encoraje a terminar relações, trabalhos e dinâmicas de vida que não comportam nossa natureza fértil. Embora seja um momento de início do crescimento, isso não significa que seja um processo fácil. O outono é caracterizado pela ambiguidade de sentimentos: interagimos com a morte natural daquilo que não alimenta nossa alma e nos abrimos para o verdadeiro encontro com nossa essência. Enquanto descobrimos uma nova vida, a outra feneceu em queda; assim como as folhas secas que se desprendem das árvores, a natureza desbota e os frutos que caem do pé apodrecem e alimentam a terra, que os devora.

A paciência e a lentidão desse ciclo devem ser respeitadas em toda a sua natureza. Não há pressa na terra do inconsciente. O tempo capitalista não é bem-vindo no reino de Hades. Por isso, é um momento que precisa ser vivenciado com coragem, respeito e uma dose de audácia, pois é natural que a ansiedade interfira no processo e na necessidade de renascer a todo custo. Fazer isso é perigoso. Não fuja da morte simbólica, pois a fuga nos impede de viver e compreender nossa própria existência. Lembre-se da morte. Se o choro vier, deixe que as águas se movimentem dentro de você e saiam. Outonar tem a ver com adquirir resistência para a vida e com amortecer o impacto das quedas e processos de luto pelos quais passamos ou passaremos. É uma estação que infelizmente nos é roubada. É uma fase em que, pouco a pouco, num misto de vida e morte, paz e melancolia, medo e curiosidade, você vai entender que é capaz de gerenciar seu próprio caminho de autoconhecimento. O outono é nosso teste para a coroação.

Provocações da deusa no outono: um funesto convite

Você acredita em espíritos? Acredita que nossa vida é separada do mundo dos mortos por um véu sutil, que por vezes é desfeito? A morte faz parte da vida e, muitas vezes, somos influenciados por espíritos e forças de um mundo que nos é desconhecido. Quando o medo dos mortos de alguma forma bloqueia nosso processo de aprofundamento na bruxaria e impede o despertar de nosso potencial obscuro, Perséfone nos incita a investigar a habilidade de comunicação com o submundo enquanto mundo dos espíritos.

Ela enviará espíritos familiares em seus sonhos ou despertará seu interesse por assuntos literais sobre a morte como forma de lhe educar o espírito para que você veja a morte e o submundo de maneira menos aterrorizante. Talvez a necromancia se torne objeto de especulação e você note instigações da deusa para trabalhar sua sombra a partir da comunicação com espíritos ancestrais, memórias e padrões familiares benéficos ou tóxicos que influenciam sua vida. Abrir-se para esse processo ajuda na transmutação de sua sombra e lhe garante muitos aprendizados para lidar com espíritos e entidades do submundo.

CORRESPONDÊNCIAS — VLASTÁNO
(EQUINÓCIO DE OUTONO)

Dias de poder: 19 a 21 de março.

Horário de poder: entardecer e noite.

Estágio botânico: descida (aprofundamento da semente) / início da germinação.

Autoconhecimento: descida ao submundo; imersão nas regiões obscuras de nosso inconsciente/submundo para maturação; morte de antigos padrões; saída da condição de confusão e aprisionamento para imersão no mistério da autorreflexão dos valores pessoais.

O que aconteceu nessa época: após o rapto, Perséfone iniciou o reconhecimento do mundo sombrio que a rodeava e encarou uma nova realidade ao sondar a paisagem abissal. Nos anos subsequentes ao seu rapto, essa época passou a representar seu retorno como majestade soberana e madura. Kore torna-se uma memória do passado de Perséfone.

Energia da celebração: sombras, morte, ancestralidade, putrefação, fim, interiorização.

Cores: marrom (contato iniciático e visceral com a terra); vermelho e laranja (energia e fogo incubado da semente); preto (morte e imersão profunda em si).

Arcano do tarot: A morte.

Altar: folhas e flores secas, cogumelos, dentes de leite, cabelos trançados, ossos, chifres, terra, galhos, pedaços de madeira, joias de valor sentimental, fotos de infância, antiguidades, itens de animais falecidos, caixões, cesta, foice e vasos e caixas com terra.

Pedras e cristais: Quartzo fumê: neutralização do impacto da descida.

Turmalina negra: autoconfiança e força para empreender a descida.

Ônix: proteção, força física e mental.

Lágrima de apache: força, poder pessoal e sabedoria para entender onde pisar no submundo.

Sardônica: discernimento e inteligência para lidar com as sombras.

Obsidiana negra: imersão no submundo, descida e encarar das sombras.

Fase mais influenciada da menstruação: pré-menstrual. Pode haver profusão de sonhos com sombras e espíritos ancestrais.

Alimentação: tubérculos, raízes e bulbos, como beterraba, batata, rabanete, inhame, mandioca, batata-doce, mandioquinha, cebola, alho, gengibre, nabo, cenoura, alcaçuz, açafrão-da-terra. Queijos, pães de fermentação natural, nozes e amêndoas. Use muito o forno e prepare receitas cuja massa não cresça, como empadas e tortas de massa podre.

Aromas:	úmidos e terrosos.
Domínios outonais da deusa:	descida; morte simbólica e retomada da percepção sobre nós mesmas e nosso lugar no mundo; especulação psíquica do inconsciente; contato inicial com a sombra; interação com o mundo dos mortos.

Banho fúnebre

Banho de purificação e de preparação para descida ao submundo.
Deve ser realizado na noite de vlastáno (equinócio de outono).

Ingredientes

2 litros de água
13 pétalas de crisântemo branco
13 pétalas de lírio branco
13 pétalas de rosa branca
13 folhas de menta

Despetale as flores do lírio, da rosa e do crisântemo. Coloque-as em um recipiente e adicione as folhas de menta. Depois, misture-as enquanto repete treze vezes: *"edó vrísketai"*, ou "aqui jaz". Em uma panela, adicione a água, coloque-a no fogo baixo, despeje a mistura floral e, com uma colher de pau, faça espirais na água (da borda até o centro). Desligue a alquimia antes de levantar fervura e deixe esfriar. Quando a temperatura estiver ideal para banho, coe a água e leve-a para o banheiro. Tome seu banho como de costume e, ao fim, pegue a alquimia fúnebre, erguendo-a acima da cabeça. Feche os olhos e se concentre em seu corpo. Chame pelos espíritos das flores incorporadas no banho. Ao chamá-los, eles vão se aproximar, lhe envolver e velar todo o corpo, deixando somente seus braços, cabelo e rosto à mostra:

Venham, queridas,
Enrosquem-se em minhas curvas,
Derramem-se em meu corpo,

A Roda das Estações de Perséfone

Pois a minha hora chegou,
E se descerei ao reino de Hades,
Descerei em êxtase,
Desnuda dos medos,
Entregue à fertilidade,
Suando como gotas de orvalho,
Inebriada pelo doce e confuso perfume daquelas
que adornam a festa da vida e da morte.

Derrame o banho da testa para baixo e sinta-se cair em um estado de sono profundo. Por uns minutos, deixe seu corpo secar naturalmente e perceba como as gotas da poção são absorvidas por sua pele, convidando-lhe à descida. Depois, seque-se com uma toalha, como de costume.

Óleo katabasis
Óleo de consagração para incitar seu processo de descida ao submundo.
Deve ser feito em uma lua nova do verão.

Ingredientes

1 vela preta
1 vaso com terra fértil
1 frasco de vidro
1 folha de sálvia
50 ml de óleo de amêndoas
1 gota de óleo essencial de vetiver
1 parte de crisântemo-vermelho
1 parte de flor de jasmim
1 parte de saliva
1 parte de lágrima
13 fios de cabelo
2 pedaços de unha (sem esmalte)
6 sementes de romã

Em uma noite de lua nova, à meia-noite, escreva seu nome na vela preta de cima para baixo. Acenda-a e comece a preparar o óleo katabasis. Queime a sálvia na chama da vela e coloque a ponta da folha dentro do frasco, deixando a fumaça entrar para purificação. Em seguida, adicione devagar o óleo de amêndoas. Pingue uma gota do óleo de vetiver e mexa devagar o frasco. Coloque as flores primeiro, depois as entranhas e, por último, as sementes de romã. Tampe o frasco e mexa-o em espiral treze vezes. Depois, afunde o frasco na terra aos poucos, até enterrá-lo, enquanto recita o seguinte encantamento:

> *Semente do caos descendo às sombras,*
> *Adentrando na escuridão,*
> *Se enterrando sedenta por mudança,*
> *Em busca de transformação.*
> *Encerrada na obscuridade desse núcleo*
> *Eu me alimento do desejo*
> *Protegida nessa estrutura orgânica,*
> *Ao submundo eu desço,*
> *Chego ao meu destino final,*
> *Posso crescer e me expandir,*
> *Assim rompo, corrompo, transmuto*
> *Assumindo o meu devir,*
> *Saio da casca em solo fértil,*
> *Buscando nutrição,*
> *Eu sou o mistério profundo e sagrado,*
> *Pronta para a germinação.*

O óleo de consagração deve ficar enterrado durante treze horas e, depois, mantido em um local escuro e arejado. Ele é utilizado em rituais de descida ao submundo e sua aplicação é feita no cóccix, na lateral da virilha, no ventre/púbis e quatro dedos abaixo do umbigo.

Ritual de descida

Um ritual de imersão no submundo que mescla experiência de conexão com o submundo pessoal e o reino de Hades (mundo dos mortos). Esse ritual abre o canal para que Perséfone atue como divindade-guia do processo de descida.

Deve ser realizado na madrugada de vlastáno (equinócio do outono).

Ingredientes

1 vela preta
1 tecido preto leve (suficiente para cobrir o corpo todo)
Terra fértil suficiente para formar o círculo mágico
Óleo katabasis

- Deve ser feito entre 00h e 3h (horários que carregam maior potencial de conexão com o submundo).
- O ritual não deve feito mais de uma vez ao ano.
- Deve-se evitar o excesso de itens materiais, velas ou qualquer outro objeto que atrapalhe o processo imersivo. Utilize um recipiente seguro para a vela.
- Esteja sem roupa, de preferência. Caso não seja possível, utilize uma roupa preta sem roupa íntima, acessórios ou maquiagem.
- O local deve estar limpo e com a proteção em dia. As janelas e portas devem ser fechadas.
- Tome o banho fúnebre até, no máximo, uma hora antes do ritual.

Risque seu nome na vela preta de cima para baixo e, do outro lado, coloque sua data de nascimento. Acenda a vela e apague todas as luzes do ambiente. Abra o círculo mágico com terra e posicione o selo alquímico de proteção na ponta de encontro entre o começo e o fim do círculo.

Ajoelhe-se e dê palmadas sutis e frenéticas no chão, chamando por Perséfone ao repetir o nome da deusa várias vezes. Levante-se e sinta os pés firmes no chão. Dentro do círculo mágico, passe o óleo katabasis nos pontos de poder do corpo (conforme a receita), recitando o encantamento:

> *Divina rainha do submundo, Perséfone,*
> *Sou sua semente do caos descendo às sombras,*
> *Adentrando na escuridão,*
> *Se enterrando sedenta por mudança,*
> *Em busca de transformação.*
> *Encerrada na obscuridade desse núcleo,*
> *Eu me alimento do desejo.*
> *Protegida nessa estrutura orgânica,*

Ao submundo eu desço.
Chego ao meu destino final,
Posso crescer e me expandir,
Assim rompo, corrompo, transmuto.
Encontrando meu devir,
Saio da casca em solo fértil.
Buscando nutrição,
Eu sou o mistério profundo e sagrado,
Pronta para a germinação.

Comece a girar o corpo, com as mãos no ventre, e repita: "Vlastáno Spóros". Enquanto gira, deixe-se envolver pela energia em espiral. Sinta seus pés afundarem devagar na terra úmida e fresca formada dentro de seu círculo. Continue repetindo o gesto mágico até sentir o corpo adentrar na terra: joelhos, cintura... quando chegar no pescoço, sente-se no chão, envolva-se completamente no manto preto e enterre-se em posição fetal. Evite ao máximo se mexer. Fique em completo silêncio. Não existe nada além do escuro: você é o escuro e o escuro é você. Pouco a pouco e cada vez mais alto, você escutará as batidas de seu órgão sexual pulsando em um ardente desejo de cocriação.

Sua centelha é seu desejo de transformação. Ela, feito um feixe de fogo vermelho pulsante, anda como uma luz no umbral e serve como guia até o caminho do submundo. Siga a luz escarlate e confie nela. Registre todas as emoções e sentimentos que surgirem e deixe a centelha ser sua guia no caminho da escuridão.

Quando sentir que é a hora de voltar, a luz escarlate atingirá a região de seu ventre, contagiando-lhe todo o corpo e proporcionando seu retorno. Não faça movimentos bruscos e se mexa devagarinho: os dedos dos pés e das mãos, as pernas, os braços, o tronco e por fim o pescoço e a cabeça. Passe as mãos no rosto e se toque por completo, tateando sua existência. Veja suas próprias mãos: alguma forma obscura e botânica foi ativada em seu ser, e já está germinando.

Desfaça o círculo mágico e queime o selo na chama da vela. Após o ritual, tome um chá de anis-estrelado: ele atua como um purificador e agente de prevenção de infecções fúngicas. No corpo espiritual, o anis limpa e extrai camadas de sujeira psíquica, gerada pela densidade das viagens ao submundo. O chá também nos ajuda a lidar com as sombras e adquirir uma consciência maior daquilo que nos aprisiona.

Atos mágicos do outono

Os atos expandem a energia impulsionada na celebração.

- É vital sair de casa para ver a luz do dia ou fazer caminhadas.
- Dedique essa estação a desenhos e rabiscos de seus sentimentos e percepções.
- Suavize o impacto da descida e o processo de morte com literatura e filmes de fantasia sombria. Compre e leia livros infantis de literatura sombria. Faça algum tipo de atividade artesanal estimulante.
- Durma em posição fetal, como uma semente.
- Faça pelo menos uma única coisa que seus pais não lhe permitiam.

Órimos
Solstício de inverno

Com a chegada do inverno celebramos Órimos, a festa da maturação. Em estado de crescimento, a semente reside no oculto e absorve nutrientes, oxigênio, água e calor, na temperatura ideal para que suas raízes se desenvolvam. Elas se expandem, alcançam a profundidade do subsolo e se tornam robustas e alongadas. A ramificação permite que a semente seja cada vez mais capaz de absorver nutrientes e minerais. A cada dia, ela amadurece um pouco, ganha folhas belas e originais e flerta com a terra. A semente se contorce, estica os membros, forma hastes e sua raiz suga a água das afluentes obscuras do mundo subterrâneo para hidratar seu corpo esbelto cada vez mais forte. O enraizamento, apesar de belo, é um processo de maturação difícil e delicado. É a força sexual e a potência para empreender o encontro com a sombra.

Na jornada de Perséfone no submundo, a maturação acontece com a magia da intimidade e a construção de um relacionamento com Hades, culminando no casamento sexual: um passo da jornada de transformação da deusa e que envolve o sacrifício final da donzela imaculada. Perséfone é tentada a comer o grão de romã, como garantia para permanecer parte de sua existência no submundo. É um momento decisivo de fazer escolhas difíceis para que a deusa finalmente encontre a alquimia entre a luz e as sombras.

Talvez um dos maiores desafios seja amar Hades — o casamento sexual e profano promovido pelo mito de Perséfone e por seus mistérios de transformação influenciados pela proposta do senhor do submundo e pelas tentadoras sementes de romã. É o encontro com a sombra desencadeado pela necessidade de nos integrarmos com nossa sexualidade e potencial criativo renegado, com nossos desejos e vontades proibidos pela criação tradicional, puritana e cristã, que se somatizaram dentro de nós como medos, receios e ansiedades.

Ao incitar experiências de imersão no profano dentro de nós, Perséfone nos instiga a encontrar, em seu mito, o equilíbrio e a conexão sagrada entre luz e sombra.

Enquanto Perséfone é o impulso da vida, Hades é o senhor da adaptação, a figura que se habituou a um ambiente não escolhido por ele mesmo: a escuridão; o luto; o fim — a morte. Seu profundo poder de se modelar ao submundo fez com que ele e o reino dos mortos fossem chamados pelo mesmo nome: Hades. Para resistir a essa realidade tão profunda e densa, é preciso muita resiliência e maleabilidade. Ele é o soberano das coisas intangíveis e não palpáveis, dos sentimentos mais obscuros, mas também da possibilidade de transmutação desses sentimentos que acontece quando ele e Perséfone se unem.

De fato, Hades e Perséfone representam um casal de outro mundo, pois pertencem à camada inconsciente e, portanto, transgridem a convencionalidade do afeto e do próprio matrimônio em uma conjunção que em nada se compara a um casamento na superfície. O elo entre ambos é a própria integração da inquietude constante e da necessidade de transformação de Perséfone (semente) com a adaptação e a maleabilidade da natureza de Hades (terra).

A terra é densa e infértil até que seja estimulada pelo sentido da vida a produzir riqueza e transformar sementes em plantas adultas. Hades, em isolamento no submundo e sem o encontro com a vida, é a sombra da adaptação, caracterizada pelo conformismo e pela catatonia mortal, o estado vegetativo diante dos acontecimentos e circunstâncias da vida, a contenção de uma natureza criativa e fértil encerrada no interior do ser, a depressão.

Quando Perséfone (semente) e Hades (terra) se unem, dentro de nosso inconsciente, são capazes de dar forma a um novo estado de transformação, despertando nosso potencial e impulsionando um processo de constante desenvolvimento. Enraizamento profundo, maturação, florescer. Nosso lugar ainda não é no reino dos mortos. Portanto, a movimentação cíclica de Perséfone é como a própria circulação do sangue em nossas veias, em constante Movimento. Por isso ela é a rainha do submundo: somente uma força com capacidade de fertilidade e de vida pode adentrar em regiões mais obscuras de nosso ser e voltar melhor do que entrou, sem se render ao convite da morte.

Perséfone é a deusa que estimula o fim e o recomeço, a ânsia, o desejo e a necessidade de mudança, de maturação, de individuação do ser. Por sua vez, Hades é a raiz profunda que envia nutrição e sustentação para que a planta ponha em prática seu poder na superfície. A compreensão de que o deus é excluído do Olimpo, para integrar o reino da morte, fala sobre uma concepção de masculinidade inaceitável.

Na proposta de casamento sexual com nossa sombra da sexualidade renegada, Hades encarna o princípio oposto de Perséfone. O deus tem o mesmo destino que ela: Zeus interfere em sua vida sexual e íntima. Hades, mesmo sendo o irmão mais velho e talvez por não representar o ideal de masculinidade, é subjugado pelos caprichos do caçula, mais aceito socialmente.

Em tempos antigos, como filho mais velho, seria comum Hades aparecer como o detentor de todas as coisas; no entanto, não foi o que ocorreu. Talvez, por ele ser considerado infértil, o posto de deus dos deuses lhe tenha sido renegado. Fato é que, dentre os três irmãos, Hades representa o esquisito — provavelmente por ser vítima das primeiras violências do pai antes do nascimento de Zeus e de Poseidon. Hades foi o primeiro filho homem a ser engolido por Cronos (o tempo), e o último dentre eles a sair das entranhas do pai. Ele foi o filho selecionado pelo pai violento para ser o bode expiatório entre os irmãos, e não servia para aquele mundo, pois Cronos não teria interesse em coisas subjetivas, nem na linguagem do oculto, nem em homens inférteis incapazes de gerar filhos e mais filhos. Homens que reinam entre deuses e humanos não têm tempo para o luto ou para coisas do inconsciente. O lugar desse perfil masculino é na cova. Se Perséfone realmente subiu grávida para a superfície, isso com certeza deixou todos boquiabertos, inclusive Zeus.

Hades reside no escuro, numa energia oposta à de Zeus, o filho privilegiado (o único não devorado pelo pai, pois derrotou o tempo e se tornou senhor dele, o patriarca). Já Hades representa o soberano e sobrevivente de um ambiente violento e hostil. Zeus continua sendo o protagonista da história entre Hades e Perséfone, até que possamos ampliar nossa percepção do mito e centralizá-lo nas ambições de Perséfone e na compreensão de que a violência patriarcal atinge a qualquer um que não corresponda às expectativas de masculinidade e virilidade. O casamento sexual ocorre quando nosso ego compreende que a sombra não é algo a ser destruído e, sim, integrado dentro de nós, pois é através dessa conjunção que subimos como reis e rainhas de nosso submundo.

Provocações da deusa no inverno: coagulação

Uma das partes mais importantes do processo de desenvolvimento de uma planta é o enraizamento, que acontece na fase de maturação. O que sustenta a planta na superfície e anuncia seu amadurecimento enquanto adulta são a raiz profunda e faminta e o caule resistente em pleno funcionamento, que atua como sistema sanguíneo para distribuir a energia armazenada nas folhas produtoras da clorofila; na alquimia: sangue botânico. O desenvolvimento de uma planta é visceral. Assim também é para nós. Após o casamento sexual e a integração com a sombra, inicia-se um movimento curioso de coagulação das dores e das feridas — isso nos faz, pouco a pouco, recuperar a força necessária para a subida.

Em nossa jornada da vida, nós nos ferimos muitas vezes, e em muitos desses momentos, sangramos. Quando nos machucamos a ponto de sair sangue, nosso corpo age rápido e forma uma barreira de grumos coagulados para reparar a parede danificada do vaso sanguíneo. Chamamos esse processo de coagulação, que só é possível porque, quando o corpo identifica a violência, ele transforma o sangue líquido em uma gelatina sólida para impedir uma hemorragia.

Perséfone, como princípio da coagulação, atua como um grumo e se dispõe a cicatrizar nossas feridas. No entanto, para isso, devemos agir para recuperar a percepção sobre nossa própria existência após momentos traumáticos, nos quais é comum sentirmos certa desconexão com nosso próprio corpo. A deusa incita o aterramento e a reconexão com a realidade de nosso estado corporal e material para que sigamos o caminho de enfrentamento da reabilitação, em movimentos suaves e constantes.

Perséfone nos fortalece e nos dá estrutura básica para que retornemos à matéria. Nesse momento de cicatrização, nossos sentidos são reativados e, ao aceitar esse processo, despertamos novamente para a realidade, voltando pouco a pouco a recuperar o gosto pela vida. Passamos a nos mover como plantas ardilosas em um processo crescente de enraizamento de nossa existência. Coagular é o início do encerramento de nossa jornada no submundo. A cicatrização total só acontece com a subida e energia da luz em nossas vidas.

A celebração de Órimos inicia o período do inverno representando uma complexidade de sentimentos que se desenrolam no oculto, e que em breve impulsionarão nosso florescer. Enquanto integramos a sombra, nós nos despedimos de mais um aspecto imaturo da nossa natureza e damos um passo além na jornada de nos tornar conscientes de nossas particularidades, em comunhão indivisível com o todo.

CORRESPONDÊNCIAS — ÓRIMOS
(SOLSTÍCIO DE INVERNO)

Dias de poder: 20 e 21 de junho.

Horário de poder: madrugada.

Estágio botânico: enraizamento e maturação sexual da semente; planta adulta.

Autoconhecimento: integração com a nossa sombra; estancar de feridas.

O que aconteceu nessa época: Perséfone aceita a proposta de Hades e prova a semente de romã, sendo consagrada como rainha do submundo.

Energia da celebração: casamento sexual, aterramento e cicatrização; renovação para a subida.

Cores: vermelho-vivo (desejo sexual e entrega); púrpura (iniciação e ativação do poder pessoal); vinho (desejos ocultos aflorados e lascívia).

Arcano do tarot: O diabo.

Altar: vaso, sangue, cabelos, unhas, saliva, fluidos sexuais, perfumes naturais, raízes, terra adubada, vinho, objetos estimuladores e sensoriais, máscaras, tecidos para forragem de caixões (veludo), caveiras, espelho preto, flores escuras nos tons vermelho, roxo e rosa.

Pedras e cristais: Obsidiana preta: aterramento e ativação sexual oculta para transmutar as sombras.

Ágata de fogo: reativação da energia sexual, psíquica, física e mental.

Sal: cura e cocriação, e facilitação da relação com a sombra.

Enxofre: solvente de barreiras na relação com a sombra, permitindo uma troca transformadora.

Carvão: neutralização e transmutação da sombra.

Rodocrosita: autocompaixão e acolhimento das dores.

Jaspe vermelha: centramento, aterramento e coragem para lidar com situações difíceis.

Granada: maturação sexual, coragem, recuperação da vitalidade, força para renascer.

Pedra de sangue: cicatrização, coagulação de feridas, fluxo vital e sanguíneo.

Fase mais influenciada da menstruação: menstruação.

A Roda das Estações de Perséfone

Alimentação:	tubérculos, frutas roxas e avermelhadas, raízes afrodisíacas, folhas verde-escuras, como beterraba, rabanete, batata-doce, repolho roxo, romã, maçã, amora preta, uvas, cereja, morango, açaí, framboesa, gengibre, ginseng, espinafre, acelga, rúcula, aspargo e couve. Feijão, nozes, castanhas, semente de linhaça. Vinho tinto suave e bebidas quentes.
Aromas:	orientais e florais.
Domínios outonais da deusa:	casamento sexual, integração com nossa sombra através do despertar sexual e oculto; reintegração de nossas versões obscuras para a vida; equilíbrio; união dos opostos que se unem.

Banho Rainha do submundo

Para provar da semente de romã.

> *Deve ser realizado na madrugada de Órimos, antes do ritual.*

Ingredientes

1 punhado de rosas-vermelhas

1 punhado de hibisco

2 rodelas de gengibre

2 cascas de romã

1 pitada de raiz de vetiver

Durante a noite, adicione um litro de água em uma panela e coloque-a no fogo baixo. Em seguida, adicione os ingredientes na seguinte sequência enquanto entoa a evocação:

> *Vetiver, "na profundidade do submundo".*
> *Gengibre, "o calor me alimenta e me preenche".*
> *Hibisco, "eu me entrego a esse desejo".*
> *Romã, "essa é a minha vontade".*
> *Rosas-vermelhas, "gozar do poder do autoamor".*

Tome o banho ainda quente e o derrame por todo o corpo. Enquanto a água cai, sinta seu sangue esquentar e os vasos sanguíneos circularem em cada parte de seu ser.

Ritual *Punica granatum*

Ingredientes

1 véu vermelho
1 vela vermelha
Sangue de galo preto
Sangue menstrual ou extraído
1 romã (a mais bela que encontrar)
Terra do pé de uma árvore frutífera

- Caso você não interaja com sangue e sacrifício animal em suas práticas, pode optar por seguir o modelo de oferenda órfica, já que eles não praticavam sacrifícios animais para os ctônicos e não consumiam carne. Sendo assim, você deve comprar uma garrafa de vinho de origem italiana e, em um papel preto e com um pincel, escrever o hino órfico a Hades usando o próprio vinho. Submerja o papel na garrafa, que deve ter sido enterrada no verão anterior ao ritual. Você pode enterrá-la em uma cova ou vaso. Após o uso, ela deverá ser enterrada novamente e retirada apenas para esse ritual. Jamais consuma esse vinho.
- Deve ser feito preferencialmente entre as 3h e 5h (despertar do galo) na madrugada da celebração de Órimos (solstício de inverno).
- O ritual nunca deve ser feito mais de uma vez ao ano.
- O local deve estar limpo e com a proteção em dia.
- É necessário banho pós-ritual.
- Grave a invocação da sombra. Você pode deixá-la tocando durante o ritual.

Na madrugada, às 2h30 tome o banho ritualístico e deixe seu corpo secar naturalmente. Vista apenas o véu vermelho e não o tire até a finalização do rito. Abra o círculo mágico com a terra e posicione o selo alquímico de proteção onde o círculo se fecha.

Com a mão acima do selo, entoe o hino órfico a Perséfone. Sente-se em posição de lótus e coloque o cálice com o sangue de galo ou vinho consagrado de frente para você. Unte a vela com seu próprio sangue, acenda e a deixe de frente para o cálice. Retire da romã seis sementes e as segure com a palma da mão aberta, invocando as seguintes palavras:

Senhor do submundo,
Envie tua carruagem infernal
E retire da treva bolorenta meu outro lado.
Envolva-me em teu manto sombrio,
Mergulhe-me em suas afluentes profanas,
E ofereça-me o mais tentador dos frutos.
Pequenas joias explodindo
Em uma língua reprimida,
Sedenta por liberdade.
Mostre a ela o espelho obscuro
Para que se desnude dos medos
E possa reinar na própria escuridão.

Chupe os grãos. Depois, bem em direção ao seu sexo, posicione no chão as seis sementes restantes e entoe:

Eu te aceito, sombra,
Como parte de quem eu sou.
Eu te abraço agora,
Acolho suas frustrações,
Recebo suas potencialidades.
Eu te amo como parte do meu ser.
Eu sou a unidade dentro do todo,
Todo é o infinito dentro e fora de mim.
Com tua dor, fúria e poder,
Eu sacrifiquei a donzela indefesa,
Aquela que espera ser salva,
A doce menina que teme a própria escuridão.
Eu me despedi da sem nome,
Eu me encontro com a rainha da subjetividade,
A individual, essencial e força renegada.
Eu me aceito na minha individualidade,
Sou o antes e o depois.
Eu sou a luz e as trevas.
O princípio e o fim.
O amor que transborda.
O grande mistério da vida.

O tenebroso mistério da morte.
Semente do caos criativo,
Uma explosão de possibilidades.
Do meu submundo à deusa,
Da vida à transformação infinita.
Eu sou a beleza e a complexidade de uma flor
Coroada de espinhos cortantes,
Perfumada em uma profusão de sensações.
Sagrado grão, sagrado grumo.
A foice e a cicatrização.
A vida me pertence,
A morte é meu destino,
A ciclicidade, a minha integração
gnōthi seauton

Deite-se no chão, mantenha uma das mãos para cima e a outra para baixo e coloque os dedos médio e indicador em riste (o que está em cima é o que está embaixo, e vice-versa). Deixe a romã entre os pés e repita: *"gnōthi seauton"*. Respire e sinta seu sexo contrair e retrair, assim como a energia do fruto adentrar seu ser através do seu órgão sexual e preencher seu espírito. Continue repetindo até sentir que está ofegante e entrando em estado de exaustão. A expressão entoada com veemência é o que abre o portal da gnose e do êxtase ritualístico. O galo anuncia o nascer de um novo dia. O submundo pessoal é uma parte de seu reinado, e a outra é sua vida, pronta para ser vivenciada em toda a sua complexidade. Ela é a continuidade da coroação.

Queime o selo na chama da vela e desfaça o círculo mágico.

Poção coagula

Para invocar Perséfone como princípio da coagulação e cicatrização de feridas físicas, emocionais e espirituais.

Ingredientes

1 xícara de gel de babosa

4 amoras

1 beterraba cozida

1 pedra hematita

Na última noite de lua crescente do inverno, um dia antes de preparar a alquimia, deixe a pedra de hematita dentro do gel de babosa. No dia seguinte, lave e coloque a beterraba para cozinhar em uma panela de pressão por trinta minutos. Escorra a água, retire a casca e coloque a beterraba partida ao meio em um refratário junto com as amoras. Com um garfo, amasse a mistura até formar uma pasta homogênea e depois a adicione ao gel de babosa. Mexa tudo muito bem em movimentos circulares e, para finalizar, desenhe o símbolo do elemento terra com o dedo indicador. Antes de tomar banho, passe a poção por todo o corpo enquanto recita:

Perséfone, sagrado grão, sagrado grumo,
Coágulo sanguíneo, na ferida ou decomposição,
Necromantis! Reanimadora visceral de corpos!
Kathársis! A libertação e o expurgo dos nossos medos enraizados.

A poção deve ser utilizada no dia em que for preparada e não deve ser armazenada. É recomendado realizar a magia depois do ritual de casamento sexual, no fim do inverno.

Atos mágicos do inverno

Os atos expandem a energia movimentada na celebração.

- Faça um jantar à luz de velas só para você.
- Desapegue de roupas e itens que não usa.
- Faça pelo menos um trabalho voluntário de contato coletivo e físico.
- Dance até cansar pelo menos uma vez por semana.
- Se você decidir cortar o cabelo, queime-o no caldeirão em honra a Perséfone.
- Escreva contos eróticos pessoais de autoapreciação.

Kátharsis
Equinócio de primavera

A chegada da primavera traz consigo a festa Kátharsis, a purificação e celebração do florescer. Quando a planta adulta amadurece e todas as partes de seu ser estão plenamente desenvolvidas, ela floresce e fica pronta para a reprodução. Na superfície da terra, entre as folhas, cresce um delicado botão que desabrocha e exibe uma flor: resultado da alquimia oculta.

A flor é um órgão sexual único que tem, em cada detalhe de sua personalidade, sinais das transformações alquímicas pelas quais passou para se tornar aquilo que é. A cor de suas pétalas, a textura das folhas, a aparência e o sabor dos frutos vindouros carregam a essência de sua jornada no submundo. Seu objetivo é o êxtase de existir, de gozar, de perfumar, de contemplar e de ser contemplada. A flor está pronta para fazer amor com a vida, e ela é um indivíduo peculiar e natural, sem forçar a beleza.

É através da polinização que ela fará amor com a natureza e produzirá sementes e frutos. Há flores masculinas e femininas, mas a maior parte são hermafroditas. Os estames são órgãos masculinos que produzem o grão de pólen. Os pistilos são órgãos femininos e possuem um ovário com um ou vários óvulos, que são transformados em sementes quando a flor é polinizada.

O vento e a água agraciam a flor com os grãos de pólen, mas os principais agentes polinizadores são os insetos, sobretudo as abelhas. Quando uma abelha beija uma flor, para sugar seu néctar, ela deixa os grãos de outras flores com as quais se relacionou no caminho. O estigma recebe o pólen, que desce pelo tubo e entra no ovário da flor. A fertilização é um espetáculo da natureza botânica. Desse encontro, a flor concebe o fruto — produto do amadurecimento de um ou mais ovários fertilizados —, e também sementes prontas para germinar e produzir outras plantas da mesma espécie. A semente protege e acolhe o embrião, a vida encerrada no núcleo, resultado do sexo entre abelhas e flores. Em algum momento, o fruto ou a semente será raptada e lançada em uma nova terra, iniciando um novo ciclo de transformação.

Na jornada de Perséfone, a deusa retorna à superfície para reencontrar Deméter, que com fúria ameaçava de fome e miséria toda a terra, em protesto ao desaparecimento da filha. Perséfone retorna e traz consigo a esperança da vida com o florescer e o início da primavera. A deusa, porém, já não é mais a mesma, e nunca será. Agora, ela é rainha do submundo, chamada Perséfone, "aquela que traz a morte", como lembrança do eterno ciclo de morte e de renascimento. O substantivo "kore" não abarca a complexa formação da rainha do submundo: Perséfone tem identidade própria, é a deusa da jornada difícil e apaixonante da individuação, o *self* encerrado dentro de cada um de nós à espera de ser descoberto e manifestado. O rapto de Perséfone é mais do que uma jornada de casamento patriarcal ou a triste história de uma deusa refém da mãe e do marido. É o ciclo botânico de uma flor capaz de produzir o próprio fruto e alcançar o submundo com suas raízes.

Com um funcionamento diferente do ciclo sexual de reprodução vegetal, o açafrão é uma planta domesticada e reproduzida de maneira assexuada: planta-se o cormo em vez das sementes. O cormo é a cópia idêntica da planta-mãe. Talvez a Deméter de Creta, de fato, tenha criado a filha donzela-cormo sem a necessidade de uma figura paterna para gerá-la. O estupro de Deméter marca um momento violento em que talvez os destinos de mãe e filha tenham sido botanicamente separados, transformando Perséfone em uma semente gerada pelo caos. Seu rapto e o casamento com Hades fazem misteriosa e alquímica analogia a uma semente sexuada, que agora se desenvolve de forma independente da mãe e torna-se única; ela se reconhece como frutífera e autônoma, ama a si mesma e valida sua origem. Perséfone e Deméter se amam em todas as suas diferenças e dores. São coisas que a maturidade nos faz entender.

O equinócio da primavera é a veneração de duas sobreviventes do patriarcado: uma mãe puramente matriarcal que lutou com afinco para que a filha fosse protegida e não tivesse o mesmo triste fim que ela; e uma filha que sai de casa para uma jornada de maturação, voltando com a compreensão de seu papel no ciclo da vida e da morte. O fato de Perséfone estar colhendo narcisos quando foi raptada mostra seu ego juvenil que se afasta do seio familiar. É nossa rebeldia em reconhecer que não somos nossos pais nem aquilo que eles escolheram para nós. O reencontro e o abraço entre mãe e filha no equinócio da primavera nunca terão relação com a volta da ingênua kore e, sim, com a anunciação da própria rainha "si mesma" emergindo das sombras. Perséfone, em sua faceta primaveril, é a metanoia que nos provoca a perceber a vida, a nossa existência e a do outro, de uma forma diferente.

Provocações da deusa na primavera: catarse floral

Qual imagem lhe vem à mente ao ler "renascer para a luz, chegar até a superfície novamente"? O renascimento é comumente romantizado. A fase de retornar à superfície compreende, dentre todos os processos, o mais delicado e mortal. Infelizmente, hoje em dia, é um momento que muitos jamais realizam. A falta de conhecimento sobre como descer ao submundo resulta na dificuldade de saber como subir.

Voltar para a luz envolve o momento complicado de encararmos nosso corpo e vida exatamente como os deixamos: à espera de que tenhamos atitude para fazer as devidas transmutações no plano tangível. O escuro de Hades é a transformação, mas também o conformismo. Voltar exige foco e uma boa cicatrização para que as feridas não se rompam na subida, pois elas ainda estão sensíveis e só cicatrizarão totalmente com a luz da consciência na superfície. Ficar no submundo em vida é fatal. Sair com as vísceras para fora é um filme de terror, no qual mais uma vez vestiremos algumas máscaras para dissimular aquilo que, em pouco tempo, ficará explícito de novo.

O que promove a ponte para o renascimento é a catarse, um parto pessoal provocado. Perséfone incita o momento difícil de libertação através de uma descarga emocional frente às dores, ao luto e ao trauma vivido; da expurgação de nossas dores e angústias; do sentimento de eliminação do que corroía nossas entranhas. Perséfone é uma deusa catártica disposta a trabalhar conosco para possibilitar esse momento visceral, que depois vem acompanhado da leveza e da libertação de ser purificado.

O renascimento e retorno à superfície é uma catarse, e portanto não é algo limpo nem bonito. Perséfone nos ensina a não romantizar a subida e permite que tenhamos a coragem e a confiança para voltar à luz conscientes de que a vida nos pertence, mas os desafios continuam; em breve, o verão voltará a expandir e saturar, ressaltando uma nova faceta da sombra com a qual lidar. Precisaremos exercer a soberania para defender a liberdade de sermos nós mesmos, garantindo assim nosso direito de existir. Trata-se de insistir em nossa verdade interna independentemente do que dirão. Somente quem desce ao próprio submundo, e volta com a coroa, sabe o quanto precisou mergulhar fundo para resgatar o senso de identidade e de autopertencimento. Conquistar nossa soberania não diz respeito a ascender em perfeição: precisamos entender que a jornada tem a ver com recuperarmos fragmentos perdidos do nosso eu e, quem sabe, encontrarmos outras preciosidades que jamais imaginamos ser capazes de manifestar.

CORRESPONDÊNCIAS — KÁTHARSIS
(EQUINÓCIO DE PRIMAVERA)

Dias de poder:	de 21 a 23 de setembro.
Horário de poder:	nascer do dia.
Estágio botânico:	florescimento/polinização.
Autoconhecimento:	consciência e manifestação de nossa singularidade.
O que aconteceu nessa época:	Perséfone sobe para a superfície da terra e reencontra Deméter.
Energia da fase:	catarse, renascimento, cocriação.
Cores:	verde (compaixão, energia e fertilidade da natureza); amarelo (materialização de sentimentos reprimidos e liberdade); dourado (consagração e transformação pessoal); vermelho (liberdade e coragem para manifestar seu poder pessoal); preto e branco (equilíbrio entre consciente e inconsciente); rosa (afeto, nascimento e sensibilidade).
Arcano do tarot:	A imperatriz.
Altar:	flores frescas, folhas verdes, guirlandas, chifres, cristais, cesta de vime, abelhas, joias e objetos dourados, moedas, azeite e perfumes.

Pedras e cristais:	Citrino: renascimento, conexão com a vida, estabilização emocional.
	Âmbar: cicatrização das feridas, vitalidade, superação e energia.
	Calcita laranja: criatividade, expressão, ânimo para a vida.
	Aventurina: rejuvenescimento, purificação e vitalidade psíquica.
	Olivina: harmonia e neutralização de energias espirituais.
	Cornalina: coragem, impulso para subida, força vital.
Fase mais influenciada da menstruação:	pré-ovulatória.
Alimentação:	plantas alimentícias não convencionais – PANCS (ora-pro--nóbis, dente-de-leão, beldroega, azedinha, taioba etc.), amor-perfeito, lavanda, acácia, rosas, cravo, violetas, flor de ipê, brinco-de-princesa, hibisco, açafrão verdadeiro, açafrão-da-terra, damasco, mamão, maçã, manga, pera, laranja, ameixa, amora, pêssego, frutas secas, aveia, milho, cevada, acelga, escarola, alho-poró, cebola, rabanete, berinjela. Reduza o consumo de laticínios e fermentados, prefira comidas de sabores amargo, picante e adstringente.
Aromas:	floral e cítrico.
Domínios outonais da deusa:	renascimento, liberação de sentimentos e emoções reprimidas, expurgação, purificação (ligada ao estado de plenitude).

Ritual Perfume

A alquimia perfeita

Criar um perfume que conte a história de sua jornada cíclica é algo muito poderoso. Um perfume feito de aromas naturais contém a essência e o espírito das plantas, os quais em comunhão formam o corpo sagrado do perfume. Ao borrifá-lo, interagimos com a beleza da alquimia do eu. Criar um perfume autoral é consagrar sua jornada de autoconhecimento. É concretizar os sentimentos e sensações profundas que, nos últimos meses, permearam seu inconsciente.

Quando Perséfone volta à terra e traz consigo a profusão de flores e aromas, é hora de criar a alquimia de si. No primeiro mês da primavera, inicie uma jornada de conexão com as flores e plantas a começar pelo dia de Kátharsis (equinócio de primavera). Vá até um parque, jardim ou casa de flores, interaja com a natureza e sinta os sussurros da deusa conversarem com você. Sua missão é escolher os três espíritos botânicos que integrarão seu perfume. As plantas no corpo do perfume contarão a história de sua vida no último ciclo com Perséfone. No entanto, perfumes naturais não são apenas cheirinhos: eles possuem vida própria, conversam com a gente e são muito voláteis, pois modificam o comportamento a cada situação de nossa vida. Eles respondem, avisam, comunicam.

Esse perfume não será apenas a história do passado, mas também a manifestação dos últimos aprendizados no presente. O perfume é a própria representação de seu corpo sagrado como manifestação do divino: uma sinfonia, as notas de sua última dança das estações com Perséfone. Como diz a sacerdotisa dos perfumes Palmira Margarida: "O perfume é uma metáfora sobre você".[1]

Enquanto se relaciona com as flores e plantas em busca daquelas que lhe abraçarão a alma, pergunte-se: quais são as notas da música que embalou sua dança das estações?

Notas do perfume: formando o corpo sagrado

Nota baixa: base e sustentação do perfume. É o aroma que fala sobre as raízes de seu ciclo no submundo (outono/inverno). Intensa, profunda, até mesmo secreta. São suas vísceras.

Nota média: o coração do perfume. É aquilo que manifesta o sentimento guardado no peito, aquilo que abraçou a alma ao longo do ano, fazendo com que você se lembrasse do essencial. É sua circulação vital e o que invoca o autoamor.

Nota alta: a personalidade livre do perfume, uma manifestação autêntica, aquilo que você descobriu sobre si mesma e está sedenta para manifestar no próximo ciclo, sem medo de ser feliz. É sua expressão e o que precisa ser invocado para fora e pronunciado.

Ingredientes

100 ml de álcool de cereais para perfume (70 a 99 GL)
Copo medidor

Fitas olfativas e luva descartável
1 frasco de perfume para 100 ml
3 aromas naturais de sua escolha
(flores, óleos essenciais, tinturas)

Medidas de óleo essencial: 1 ml de óleo essencial corresponde a 25 gotas em média. No entanto, isso pode variar, pois alguns óleos são mais densos e resinoides. Sempre olhe as prescrições contidas na ficha técnica do óleo. Para um frasco de perfume de 100 ml, o máximo de gotas de óleo essencial seria 125 gotas.

- Escolha a lua de sua preferência para preparar o perfume.
- Coloque uma *playlist* com músicas inspiradoras.
- Você pode adicionar tinturas ao perfume, mas lembre-se de não utilizar tinturas cítricas ou de plantas que mancham ou ferem a pele (por exemplo: canela, limão, laranja).

Escolhida a tríade que é sua cara, abra o frasco do óleo essencial e, antes de adicioná-lo no copo medidor, feche os olhos e se conecte com o aroma da planta. Deixe que ela evoque em sua memória detalhes de sua jornada espiritual.

Em vez do conta-gotas do frasco, utilize a pipeta para pegar o óleo, pois ela extrai com mais exatidão a medida correta para cada densidade.

Converse com os aromas. Imagine-se num círculo com as três plantas/flores escolhidas e deixe que elas falem com você. Vá adicionando as gotas, mexendo e dando atenção às notas. Quem conduz a conversa é você. Seja a bruxa alquimista e mediadora do processo.

Comece com a nota mais baixa, que geralmente é a que tem a personalidade mais forte. A nota base pode contagiar todo o perfume e devorar os outros aromas com muita facilidade. Tenha cautela.

Em seguida, adicione a nota média. Vá mexendo o perfume e sentindo o cheiro, assim como as mudanças no aroma. Adicione a nota alta e não pare de mexer e de dialogar com a alquimia; para isso, use as fitas olfativas a fim de sentir as alterações no perfume.

Quando estiver pronto, você saberá. Talvez você se emocione, chore, sinta uma profusão de memórias das experiências vivenciadas no último ano. Transfira o perfume para o frasco e o guarde em um local fresco, arejado e escuro por dez dias. Deixe o corpo do perfume descansar.

Nota: Você pode optar fazer essa jornada de construção de um perfume personalizado com uma bruxa ou perfumista botânica da sua confiança. Muitas bruxas e alquimistas hoje oferecem essa experiência de forma que você possa se abrir emocionalmente e trabalhar juntamente com elas para a criação desse perfume cíclico.

Atos mágicos da primavera

(Os atos expandem a energia movimentada na celebração).

- É hora de trilhar novos passos, aqueles que você aprendeu. Borrife seu perfume e saia para o mundo. Transmute suas sombras e manifeste-as na vida de forma transformada. Encontre um canal para dar forma a sua sombra e reintegrar seus aspectos renegados de forma saudável no mundo.
- Distraia sua criança interior com uma nova forma de se divertir.
- Quando você não transforma o material percebido no inconsciente em algo tangível e materializado em seu presente, você corre o risco de decair, regredir e perder o trabalho feito até aqui. É a hora da soberania. Será preciso insistir e acostumar seu corpo e espírito a novos comportamentos. Talvez sua sombra queira que você resista à primavera e se negue a socializar de forma saudável. Ela ainda é o que é. A diferença é que você a ama como parte de si. Sua criança não espera mais pela mãe ou pelo pai, apenas por você, que é um ser autônomo e cocriador responsável por todas as suas partes. Dê a elas algo simples, verdadeiro e autoral para se orgulhar. Lembre-se: a vida nunca foi sobre perfeição e sim sobre a honestidade com seus desejos.

O PRÓXIMO VERÃO NUNCA MAIS SERÁ O MESMO

A cada fase da vida, a Roda das Estações de Perséfone apresentará novos desafios e experiências. Os rituais sacralizam o compromisso com sua jornada de autoconhecimento, mas saiba que um ciclo jamais será como o outro.

A natureza de cada gesto mágico evoca vivências muito específicas e inconscientes a cada vez que os ritos e magias são feitos. Sua essência não é robótica, mas conectada com a profusão de sentidos e experiências disponíveis para que possamos comungar com a força cíclica de Perséfone.

Ao longo dos anos, você canalizará encantamentos e novas magias que incrementarão sua jornada, e ter a deusa conosco nesse caminho rumo ao poder pessoal é um trabalho de constante desenvolvimento, porém muito estimulante, mágico e profundamente enriquecedor. Deixe que a deusa faça de sua vida um peculiar jardim. Você é uma planta adulta que se desenvolve diariamente para se tornar uma árvore saudável e perene geradora de frutos.

A cada ciclo da roda, uma nova versão sua adentra nas sombras, um novo grão do caos pronto para aprender outra lição sobre si e sobre o mundo ao seu redor. Abra-se espiritualmente para esse processo e persista para que a magia aconteça de dentro para fora.

Após o primeiro ciclo, quando o alvorecer chegar, pegue sua criança interior no colo e se responsabilize por cuidar dela. *Kore* se foi no primeiro ano; agora, você faz parte do plano de Perséfone e é absolutamente capaz de impulsionar essa jornada cíclica. É sua vez de, por livre-arbítrio, dispersar a semente em uma nova terra e acompanhar a descida — seja sua própria guia e a luz na escuridão, e não mais a donzela indefesa. Soberania é reeducar nossa pequena versão; é não violentar, tampouco destruir nossa sombra; é aproveitar o ego natural para o uso pleno da consciência. É esta a nossa busca como bruxas: amar todas as nossas partes, pois somente com elas podemos sentir o êxtase de pertencer ao todo e, ainda assim, honrar nossa unidade, vestir o manto da autenticidade, interagir com o mundo, questionar aquilo que nos ensinaram sobre viver, morrer e ser, buscando impulsionar nossa própria transformação com audácia. Este é o caminho de Perséfone: ver a vida como uma iniciação, pois ela é apenas a primeira etapa da eternidade.

O caminho de Perséfone

Spóros - σπόρος (Semente)
Vlastáno - βλαστάνω (Germinar)
Órimos - ὤριμος (Maturar)
Kátharsis - κάθαρσις (Purificar)

HINO ÓRFICO A PERSÉFONE

Perséfone, filha do grande Zeus, vem, ditosa
Deusa unigênita, aceita as graciosas oferendas;
Honrada esposa de Plutão, zelosa, outorgadora de vida,
Tu que guardas os portões de Hades nas profundezas da terra,
5   Praxídice, de tranças encantadoras, pura cria de Deo,
Progenitora das Eumênides, soberana do subterrâneo,
Tu, jovem, que Zeus gerou em inenarrável concepção,
Mãe do ruidoso e multiforme Eubuleu,
Companheira de jogos das Estações, iluminadora, de forma brilhante,
10   Venerável, dominadora, jovem sobejando com frutos,
Refulgente, cornada, única desejada pelos mortais,
Primaveril, alegrando-te com as brisas dos prados,
Desabrochando sagrado corpo entre frutíferos brotos,
Desposada e arrebatada em leito outonal,
15   Única vida e morte aos atribulados mortais;
Perséfone, pois fazes sempre tudo persistir e fenecer.
Ouve, ditosa deusa, e envia frutos da terra,
Viceja com paz e uma saúde generosa
E uma vida próspera que traga uma velhice tranquila
20   À tua região, senhora, e do vigoroso Plutão.[1]

UM JOGO DE CHAVES

Os epítetos são adjetivos que expressam particularidades das deusas e dos deuses. Funcionam como um sobrenome que, ao ser recitado com o nome principal, em um ritual ou feitiço, invoca a face da deusa. Deusas e deuses já nascem com epítetos, embora alguns os conquistem ao longo de suas narrativas mitológicas. Essas atribuições lhes são muito especiais, pois os muitos sobrenomes são símbolos de importância e status e expressam o tamanho de seu poder, tanto no mundo imortal como no mortal.

Os epítetos de Perséfone são preciosidades que não chegaram com privilégio à jornada da deusa. Perséfone lutou por seus nomes de poder, e podemos ver isso quando, antes do rapto, a deusa era chamada apenas de *kore* (donzela), como se ela não tivesse identidade definida além da moça filha de Deméter. Isso muda depois de sua descida ao submundo, já que, antes de subir, ela era referenciada por Hékate e Hermes como Perséfone, e seus domínios são exaltados por Hades. Ou seja, seus nomes emanaram de uma busca e jornada iniciática, tanto que, durante os cultos na Grécia Antiga e na Itália, a deusa adquiriu cada vez mais epítetos que hoje podem ser invocados através da bruxaria. No entanto, é preciso respeitar seus títulos e executar um trabalho de aproximação com paciência e, acima de tudo, com amor por nós mesmas e, por consequência, pela deusa.

A natureza de Perséfone promove um incitamento natural às nossas sombras, raízes e vísceras. Por isso, trabalhar e invocar seus epítetos envolve cautela: dependendo do momento vivido e da carga ancestral que os epítetos carregam, eles podem influenciar em nossa energia psíquica e física pela natureza telúrica de Perséfone.

Estude primeiro, invoque depois. Quando esse processo é interrompido, abrimos portas ancestrais que não saberemos como fechar. Um epíteto de Perséfone nunca é apenas um adjetivo: é um chamamento antigo, pertencente a um grupo religioso, a uma região e a rituais específicos, alguns enterrados no tempo e outros cuja origem percebemos nos detalhes.

A bruxa que deseja trabalhar com epítetos da deusa de forma saudável tem uma premissa básica: *se você não souber de onde o epíteto veio e do que se trata, não o invoque.* Os epítetos estão aí para serem fortalecidos e usados, mas todos invariavelmente envolvem um caminho de iniciação na face da deusa e, portanto, um caminho de conexão que deve ser mediado e feito com segurança. Os epítetos de Perséfone abrem portas; para invocá-los, é preciso saber como fechá-las e como lidar com o que elas apresentam em nossa vida após o trabalho mágico com a deusa. Algumas perguntas astutas são suficientes para lhe trazer mais confiança no chamamento das faces de Perséfone:

- O que significa o epíteto que encontrei ou pretendo invocar?
- Onde ele foi citado e referenciado?
- O que aconteceu com os envolvidos na mitologia desse epíteto?
- Quais são os elementos, cores, instrumentos, divindades e símbolos associados a esse epíteto?

Os primeiros contatos

Após o estudo histórico e a interpretação mitológica, comece a se relacionar com o epíteto, mas sem invocá-lo. Talvez você sofra uma catarse e não saiba o que a face vai abrir ou mexer em você caso o invoque antes da aproximação.

1. O primeiro passo é seguir o conselho do sábio Hades e apaziguar os ânimos da deusa: no altar, coloque objetos, elementos e o epíteto em grego.
2. Durantes os próximos dias, sinta as mudanças, as sensações e os sonhos enviados pela deusa.

3. Depois de agradá-la com oferendas, pergunte através do oráculo se Perséfone permite que você, nesse momento de sua vida, invoque determinado epíteto. Se ela concordar, sua iniciação naquela face começará. Nesse momento, talvez você viva muitas coisas preciosas e aprenda como e quando chamar a deusa dessa forma.
4. Comece a formular encantamentos para essa face antes de fazer seu primeiro chamamento. Dia sim, dia não, entoe o encantamento e sinta as movimentações da deusa enquanto se prepara para o ritual de evocação do epíteto.
5. Se Perséfone recusar, respeite e reflita. Na maioria das vezes, isso acontece porque não é seu momento de viver aquela face. Geralmente, a deusa nos resguarda e priva de mais exposição a feridas e a outras dores ocultas.

Os epítetos de Perséfone

Fragmentos órficos

Os epítetos órficos têm uma estrita ligação com o conjunto de crenças cosmogônicas inspiradas em Orfeu. Tais crenças giravam em torno da ideia de libertação da alma a partir do ciclo reencarnatório, cujo modelo divino era Dionísio e sua jornada de morte e de renascimento. Perséfone era uma das principais deusas honradas entre os órficos por ser mãe de Dionísio na primeira reencarnação dele e rainha do submundo, um reino que tinha total atenção dos órficos: eles concentravam suas crenças e ritos na vida após a morte. A deusa foi invocada na poesia do líder espiritual Orfeu, e seus epítetos pertencem a um compêndio de 87 hinos compostos entre os séculos 1 e 3 DEC. Os epítetos órficos possuem caráter necromante: por meio de sua invocação, é comum ocorrerem visões e gnoses ligadas ao culto ancestral, assim como a presença de espíritos nos rituais.

σεμνή/*Semnê*: augusta/digna de ser venerada.
μεγάλου/*Megalou*: grandiosa.

πολύτιμε δάμαρ/*Damar Politymātos:* esposa preciosa.

βιοδῶτι/*Biodōtis:* doadora da vida.

Πραξιδίκη/*Praxidikê:* a que impõe penalidades.

Εὐμενίδων γενέτειρα/*Genetira Eumenides:* mãe das Erínias.

ἀγνόν/*Agnon:* pura (referência ao arbusto mediterrâneo da castidade).

φαεσφόρος/*Faésforos:* a que traz a luz/lucífera.

ἀγλαόμορφε/*Aglaomorphe:* dotada de bela forma.

κεδνή/*Kednê:* zelosa.

μουνογένεια/*Monogenea:* unigenita.

παντοκράτειρα/*Pantokrateira:* todo-poderosa/dominadora.

Ὡρῶν συμπαίκτειρα/*Ôrôn Sumpaikteira:* a que joga com o tempo/idade.

ερατοπλοκαμος/*Eratoplokamos:* com tranças gentis.

καρποῖσι/*Karpoisi:* frutífera.

βρύουσα/*Bryousa:* florida.

εὐφεγγής/*Euphengês:* três vezes brilhante, radiante.

κερόεσσα/*Keroessa:* com chifres, cornígera.

ποθεινή/*Potheinê:* amada.

ἄνασσα Ἀΐδαο/*Anassa Aidao:* rainha do submundo.

υποχθονιων βασιλεια/*Upochthoniôn Basileia:* rainha subterrânea.

ἄνασσα/*Anassa:* rainha.

κόρη/*Kore:* donzela.

θάλος/*Thalos:* rebento, broto jovem.

Ilíada/Odisseia

ἐπαινῆς/*Epainês:* temível (citado também em Hesíodo).

Αγαυε/*Agne:* adorada.

Hino a Deméter

δαίφρονι/*Daiphroni:* prudente/sábia.

ευωπιδα/*Euôpida:* bom agouro.

τανύσφυρον/*Tanusphuron:* de finos tornozelos (citado também em Epinício e Baquílides).

βαθυζώνοιο/*Bathykolpos:* de funda cintura.

εὐῶπιδα/*Ophthalmoisin:* de belos olhos.

περικαλλὴς/*Perikallês:* belíssima/muito linda.

HESÍODO

Λευκολενος/*Leukolenos:* de brancos braços.

HIPÓLITO: MISTÉRIOS ELEUSINOS

Βριμο/*Brimó:* raivosa.

LYCOPHRON: ALEXANDRA

Λεπτψνις/*Leptynis:* nome próprio atribuído à deusa como rainha do submundo.

EMPÉDOCLES: FRAGMENTO 98

νεστις/*Nestis:* água "que de lágrimas umedece fonte mortal".

TEÓCRITO

Μελιτώδης/*Melitode:* doce como o mel.

ARCADIANO

Δεσποενα/*Despoina:* senhora.

LOCRIANO: PINAKES, THURII

χτωνική βασίλισσα/*Chtônikê Basilissa:* rainha cthoniana.

VARIANTES DO NOME

Φερσεφόνεια/*Fersefoneia:* Persefoneia.

Φερσεφατα/*Phersephatta:* Persefata.

Παρςαεπηονια/*Persephonia:* Persefônia.

Περσεφόνη/*Persephóne:* Perséfone.

NOTAS

PARTE 1

Perséfone em tempos matriarcais

1   BURKERT, Walter; RAFFAN, John. *Greek Religion:* Archaic and Classical. Nova Jersey: Wiley-Blackwell, 2013, p. 44.

2   KERÉNYI, Carl. *Eleusis Imagem Arquetípica de la Madre e la Hija*. Madrid: Ediciones Siruella, 2004, p. 10-11; ibid., p. 42.

3   TAIZ, Lincoln; TAIZ, Lee. *Flora Unveiled:* The Discovery and Denial of Sex in Plants. Oxford: Oxford University Press, 2016, p. 159-62. [Tradução livre.]

4   Ibid., p. 159-62.

5   EVANS, Arthur. *The Place of Minos at Knossos*, v. 2, pt. 1. Londres: MacMillan, 1921, p. 123-29.

6   BURKERT, Walter; RAFFAN, John. *Greek Religion:* Archaic and Classical. Nova Jersey: Wiley-Blackwell, 2013, p. 43.

7   GIMBUTAS, Marija. *The Goddesses and Gods of Old Europe*. Oakland: University of California Press, 2007, p. 185.

8   AVALIANI, Ekaterina. "Origins Of the Greek Religion: Minoan and Mycenaean Cultural Convergence", *Phasis*, n. 2-3, p. 54-58, 2000, p. 58.

9   THOMAS, Carol. "Found: The Dorians. Archaeology and Greek Linguistics at the End of the Late Bronze Age", *Expedition Magazine*, v. 20, n. 3, p. 21-25, mar.-abr. 1978. [Tradução livre.]

Na propriedade da rainha: adentrando no jardim

1   HOMERO. *Odisseia*. Tradução Frederico Lourenço. São Paulo: Companhia das Letras, 2023, p. 524.

2   CARVALHO, Raimundo Nonato Barbosa de. *Metamorfoses em tradução*. Trabalho de conclusão de pós-doutoramento (Pós-doutorado em Letras Clássicas) —

Faculdade de Filosofia, Letras e Ciências Humanas, Universidade de São Paulo, São Paulo, 2010, p. 73.

3   PREDEBON, Aristóteles Angheben. *Edição do manuscrito e estudo das "Metamorfoses" de Ovídio traduzidas por Francisco José Freire* (dissertação de mestrado). São Paulo: Universidade de São Paulo, 2007, p. 519.

4   OPPIAN; COLLUTHUS; TRYPHIODORUS. *Oppian, Colluthus, and Tryphiodorus.* Tradução A.W. Mair. Londres: Loeb Classical Library, W. Heinemann, 1928, p. 387, v. 485-495.

5   APOLLODORUS. *The Library.* Tradução Sir James George Frazer: Loeb Classical Library, v. 121-122. Cambridge, MA, Harvard University Press; London, William Heinemann Ltd., 1921, p. 87-88.

6   CARVALHO, Raimundo Nonato Barbosa de. *Metamorfoses em tradução.* 2010. Trabalho de conclusão de pós-doutoramento (Pós-doutorado em Letras Clássicas) — Faculdade de Filosofia, Letras e Ciências Humanas, Universidade de São Paulo, São Paulo, 2010, p. 105.

7   Ibid., p. 154.

PARTE 2

Perséfone na era dos heróis

1   GLOTZ, Gustave. *La cité grecque.* Paris: La Renaissance Du Livre, 1928, p. 6-10.

2   Para as citações da *Ilíada*, foi usada a tradução de Frederico Lourenço. [HOMERO. *Ilíada.* Tradução Frederico Lourenço. São Paulo: Penguin-Companhia, 2013.] **Grifos meus.**

3   Para as citações da *Odisseia*, foi usada a tradução comentada de Frederico Lourenço. [HOMERO. *Odisseia.* Tradução Frederico Lourenço. São Paulo: Companhia das Letras, 2023.] **Grifos meus.**

4   Para as citações de *Teogonia*, foi usada a tradução de Jaa Torrano. [HESÍODO. *Teogonia*: a origem dos deuses. Tradução Jaa Torrano. São Paulo: Iluminuras, 1995. (Coleção Biblioteca Pólen)]. **Grifos meus.**

5   MYLONAS, George Emmanuel. *Eleusis and the Eleusinian Mysteries.* Princeton: Princeton University Press, 2015, p. 63-4. (Tradução Livre.)

6   BARBOSA, Leandro Mendonça. *Representações do ctonismo na cultura grega (séculos VIII-V a.C.).* 2014. Tese de Doutorado em História Antiga — Faculdade de Letras, Universidade de Lisboa, Lisboa, 2014.

Na propriedade da rainha: um curioso armazém

1   WACK, Margaret. "Theogony Symbols: The Sickle", LitCharts. LitCharts LLC, 23. fev. 2019.

PARTE 3

O rapto e o estupro na Grécia Antiga

1 KOUTSOPETROU, Sotiria. *Rape and Rape Culture in Ancient Greek Culture? Was Rape "Really" Rape in Ancient Greece?* 2019. Dissertação de mestrado — Departamento de Arqueologia, História, Estudos Culturais e Religião, Universidade de Bergen, Bergen, 2019, p. 1.

2 SANTOS, Sandra Ferreira dos. "Raptos combinados: uma possibilidade de resistência feminina na Grécia Antiga", *Classica*, v. 23, n. 1-2, p. 117-131, set. 2010.

3 SUTER, Ann. "Beyond the Limits of Lyric: The Female Poet of the Hymn to Demeter", *Kernos*, v. 18, p. 17-41, jan. 2005.

4 BUTLER, Samuel. *The Authoress of the Odyssey*. Londres: Jonathan Cape; Nova York: E. P. Dutton, 1925.

5 Ibid. [Tradução livre.]

6 SERRA, Ordep. *Navegações da Cabeça Cortada*: Breve Incursão no Campo dos Estudos Clássicos. Brasil: EDUFBA. 2012, p. 55-56.

INTERLÚDIO

Hino a Deméter explicado

1 Para citações do Hino, foi usada a tradução de Maria Lúcia Gili Massi. [MASSI, Maria Lucia Gili. *Deméter: a repulsão medida*. 2001. Dissertação (Mestrado em Letras Clássicas) — Faculdade de Filosofia, Letras e Ciências Humanas, Universidade de São Paulo, São Paulo, 2001.]

2 BURKERT, Walter; RAFFAN, John. *Greek Religion*: Archaic and Classical. Nova Jersey: Wiley-Blackwell, 2013, p. 288. [Tradução livre.]

Na propriedade da rainha: o celeiro

1 OGDEN, Daniel (2001). *Greek and Roman Necromancy*. Princeton: Princeton University Press, 2004, p. 170.

2 COSENTINO, Augusto. Persephone's Cockerel. *In*: JOHNSTON, Patricia A.; MASTROCINQUE, Attilio; PAPAIOANNOU, Sophia (ed.). *Animals in Greek and Roman Religion and Myth*. Proceedings of the Symposium Grumentinum Grumento Nova (Potenza) 5-7 jun. 2013. New Castle upon Tyne: Cambridge Scholars Publishing, 2016, p. 189-212.

PARTE 4

Os frutos de uma deusa madura

1 Pausânias. *Description of Greece*. Tradução Jones, W. H. S. and Omerod, H. A. Loeb Classical Library Volumes. Cambridge, MA, Harvard University Press; London, William Heinemann Ltd. 1918. VIII: 37.

2 Aston, Emma (2011). *Mixanthrôpoi*: Animal-Human Hybrid Deities in Greek Religion. Liège: Presses Universitaires de Liège, 2017, p. 239.

3 Ridgway, Brunilde Sismondo. *Hellenistic Sculpture II*: The Styles of ca. 200-100 B.C. Madison: University of Wisconsin Press, 2000, p. 236.

4 Aristófanes. *Rãs*. Tradução, introdução e notas Maria de Fátima Silva. Coimbra: Imprensa da Universidade de Coimbra; São Paulo: Annablume, 2014, p. 70. (Série Autores Gregos e Latinos).

5 Kerényi, Carl. *Eleusis Imagen Arquetípica de la Madre e la Hija*. Madrid: Ediciones Siruella, 2004, p. 79.

6 Mylonas, George Emmanuel. *Eleusis and the Eleusinian Mysteries*. Princeton: Princeton University Press, 2015, p. 236-237.

7 Kerényi, 2004. Ibid, p. 104-105.

8 Santos, Rita de Cássia Codá dos. "Os mistérios órficos e eleusinos: seus significados e representações no mundo grego", *Coletânea*, v. 13, n. 26, p. 335-350, jun.-dez. 2014.

9 Burkert, Walter. "Greek Tragedy and Sacrificial Ritual", *Greek, Roman, and Byzantine Studies*, v. 7, n. 2, p. 87-121, jun. 1966.

10 Cícero, Marco. *Sobre as Leis* (De Legibus), Tradução Bruno Lacerda e Charlene Miotti. Juiz de Fora: UFJF. Livro II, v. 36, 2021.

11 White, Donald. "Demeter's Sicilian Cult as a Political Instrument", *Greek, Roman, and Byzantine Studies*, v. 5, n. 4, p. 263-64, dez. 1964.

12 Lewis, Virginia M. *Myth, Locality and Identity Pindar's Sicilian Odes*. Oxford: Oxford University Press, 2019, p. 73-76.

13 Osek, Ewa. Ritual Imitation During the Thesmophoria at Syracuse: Timaeus of Tauromenium's History of Sicily. *In*: Reid, Heather L.; DeLong, Jeremy C. (ed.). *The Many Faces of Mimesis: Selected Essays from the 2017 Symposium on the Hellenic Heritage of Western Greece*, v. 3, Parnassos Press, 2018, p. 279-292.

14 Gimbutas, Marija. *The Language of Goddesses*. San Francisco: Harper & Row, 1989, p. 147.

15 Stalsmith, Allaire. "A Divine Couple: Demeter Malophoros and Zeus Meilichios in Selinus", *Journal of Ancient History*, v. 7, n. 1, p. 62-110, 2019, p. 72.

16 Eisenfeld, Hanne. "Life, Death, and a Lokrian Goddess: Revisiting the Nature of Persephone in the Gold Leaves of Magna Graecia", *Kernos*, v. 29, p. 41-72, out. 2016.

17 Pinakes 5, Thurii 3. EISENFELD, Hanne. "Life, Death, and a Lokrian Goddess: Revisiting the Nature of Persephone in the Gold Leaves of Magna Graecia", *Kernos*, v. 29, p. 41-72, out. 2016.

18 LEWIS, Virginia M. *Myth, Locality and Identity Pindar's Sicilian Odes*. Oxford: Oxford University Press, 2019, p. 75-77.

Na propriedade da rainha: os arredores

1 BURKERT, Walter; RAFFAN, John. *Greek Religion*: Archaic and Classical. Nova Jersey: Wiley-Blackwell, 2013, p. 192-93.

PARTE 5

Onde Perséfone e as bruxas se encontram

1 COSTA, Daniel Lula Dias; ANDRADE, Solange Ramos de. "Os círculos infernais de Dante Alighieri", *Revista Brasileira de História das Religiões*, v. 15, p. 1-14, jan. 2013, p. 5.

2 ALIGHIERI, Dante. *A divina comédia*: Inferno. Tradução Helder da Rocha, 1999.

3 KRAMER, Heinrich; SPRENGER, Jacobus. *Malleus Maleficarum*: o martelo das feiticeiras, Parte I. Tradução Alex. H.S., 2007, p. 73.

4 SILVA, Carolina Rocha. *O sabá do sertão*: feiticeiras, demônios e jesuítas no Piauí colonial (1750-1758). 2013. Dissertação (Mestrado em História) — Instituto de Ciências Humanas e Filosofia, Universidade Federal Fluminense, Niterói, 2013, p. 57-8.

PARTE 6

A Roda das Estações de Perséfone

1 HYGINUS, Gaius Julius. *The Myths of Hyginus*. Tradução e edição Mary Grant. University of Kansas Publications in Humanistic Studies, n. 34. Lawrence: University of Kansas, 1960, §220. [Tradução livre.]

Hino órfico a Perséfone

1 ANTUNES, Pedro Barbieri. *Hinos órficos*: edição, estudo geral e comentários filológicos. 2018. Dissertação (Mestrado em Letras Clássicas) — Faculdade de Filosofia, Letras e Ciências Humanas, Universidade de São Paulo, São Paulo, 2018.

BIBLIOGRAFIA

ATHENAEUS. *The Deipnosophists, or Banquet of the learned*. v. 3. Tradução Charles DukeYonge. Londres: H.G. Bohn, 1853-54.

ATKINSON, William Walker. *O Caibalion*: um estudo da filosofia hermética do Antigo Egito e da Grécia. São Paulo: Mantra, 2018.

BANDEIRA, Lenysse Teixeira. Os rituais de evocação dos mortos e as relações de gênero na Grécia Antiga. *In*: ANPUH-BRASIL — 31º SIMPÓSIO NACIONAL DE HISTÓRIA, 2021, Rio de Janeiro. Anais [...]. Rio de Janeiro: UFRJ, 2021. p. 1-12.

BRANDÃO, Junito de Souza. *Mitologia Grega*: vol. 1. Petrópolis: Vozes, 1989.

BURKERT, Walter. *Cultos antigos de mistérios*. Tradução Denise Bottman. São Paulo: Edusp, 1992.

CARVALHO, Thais Rocha. *Perséfone e Hécate*: a representação das deusas na poesia grega arcaica. 2019. Dissertação (Mestrado em Letras Clássicas) — Faculdade de Filosofia, Letras e Ciências Humanas, Universidade de São Paulo, São Paulo, 2019.

CHADWICK, J. (1976). "Who were the Dorians?", *La Parola del Passato*, v. 31, fasc. 166, Firenze: Olschki Editore. p. 103-117.

CHANTREINE, Pierre. *Dictionnaire Étymologique de la langue grecque*: Histoire Des Mots. Paris: Klincksieck, 1968.

CHRIST, Carol P. Dance of the Bees: Reading the Language of the Goddess, *Blog Feminism and Religion*, 1º dez. 2014. Disponível em https://feminismandreligion.com/2014/12/01/the-dance-of-the-bees-

-reading-the-language-of-the-goddess-by-carol-p-christ/. Acesso em 3 mai. 2024.

COLDSTREAM, John Nicolas. *Knossos*: The Sanctuary of Demeter. Thames and Hudson: British School of Archaeology at Athens, 1973.

CRONKITE, Susan Marie. *The Sanctuary of Demeter at Mytilene*: A Diachronic and Contextual Study. Volume Two Catalogue. Institute of Archaelogy, University College London, 1997.

DAY, Jo. "Crocuses in Context: A Diachronic Survey of the Crocus Motif in the Aegean Bronze Age", *Hesperia*, v. 80, n. 3, p. 337-379, jul.-set. 2011.

DIETRICH, Bernard Clive (1974). *The Origins of Greek Religion*. Berlim: De Gruyter, 2016.

DONOVAN, Patricia. "Hog Wild in Athens BCE! Role of Pigs in Social and Religious Life Provides Insights into Ancient Greece", *University at Buffalo*, 16 ago. 2000.

EMIR, Başak. "Thesmophoria", *Journal of Ancient History and Archeology*, v. 1, n. 4, p. 1-6, jan. 2014.

EMPEDOCLES. *The Fragments of Empedocles*. Tradução do grego para o inglês William Ellery Leonard. Chicago: The Open Court Publishing Company, 1908.

FOLKARD, Richard. *Plant, Lore, Legends and Lyrics*: Embracing the myths, traditions, superstitions, and folklore of the plant kingdom. 2 ed. Londres: Sampson Low, Marston and Company, 1892.

HERÓDOTO. *História*. Tradução do grego Pierre Henri Larcher. [*s. l.*]: eBooks Brasil, 2006.

HESÍODO. *Os trabalhos e os dias*. Tradução, introdução e comentários Mary de Camargo Neves Lafer. São Paulo: Iluminuras, 2020.

HOMERO. *The Homeric Hymns*. Tradução, introdução e notas Diane J. Rayor. Berkeley: University of California Press, 2004. [*Hinos homéricos*: tradução, notas e estudo. São Paulo: Unesp, 2010.]

HORNBLOWER, Simon; SPAWFORTH, Antony; EIDINOW, Esther (eds.). *The Oxford Companion to Classical Civilization*. Oxford: Oxford University Press, 1998.

JOAN, Eahr. Acropolis and Sanctuary of Demeter Malophoros, Selinus, Sicily. *In*: *Re-Genesis Encyclopedia*: Synthesis of the Spiritual Dark — Motherline,

Integral Research, Labyrinth Learning, and Eco-Thealogy. Parte I. Edição revisada II. 2018.

JOHNSTON, Patricia A.; MASTROCINQUE, Attilio; PAPAIOANNOU, Sophia (ed.). *Animals in Greek and Roman Religion and Myth*. New Castle upon Tyne: Cambridge Scholars Publishing, 2016.

JUNG, Carl Gustav. *Os arquétipos e o inconsciente coletivo*. Petrópolis: Vozes, 2002.

MAGALHÃES, Alexandre Cardoso Nunes. *A poesia de Teócrito e a projeção pastoral*. 2021. Tese (Doutorado em Estudos Literários) — Faculdade de Letras, Universidade Federal de Minas Gerais, Belo Horizonte, 2001.

MARCUS, Cid. Nosso inferno pessoal. *Blog Cid Marcus*. São Paulo, 11 ago. 2011.

MARGARIDA, Palmira. *A perfumaria ancestral*: aromas naturais do universo feminino. Rio de Janeiro: Memória Visual, 2018.

NAPLES, Mary. Thesmophoria: Feminine Consciousness in Ancient Greece. *Blog Femmina Classica*, [s. d.].

PAPACHATZIS, Nicolaos. Η θρησκεία στήν αρχαία Ελλάδα, Athènes, Ekdotiki Athinôn, 1987.

PAPANTONIOU, Giorgos; MICHAELIDES, Demetrios; DIKOMITOU-ELIADOU, Maria (eds.). "Hellenistic and Roman Terracottas". *In*: KRISTENSEN, Troels Myrup (ed.). *Monumenta Graeca et Romana*, v. 23. Leiden: Brill, 2019.

PARACELSO. *As plantas mágicas*: botânica oculta. Tradução Attílio Cancian. São Paulo: Hemus, 1976.

PENIDO, André Reis. *A ética e a arquitetura templária grega*: a organização do sentido de permanência transposto aos hábitos e costumes, a construção da ética e sua transposição à arquitetura templária Grega. 1998. Dissertação (Mestrado em Arquitetura) — Escola de Arquitetura da Universidade Federal de Minas Gerais, Minas Gerais, 1998.

PEREIRA, Ivanete. Ριζώματα: raízes na cosmologia de Empédocles. 2019. Tese (Doutorado em Filosofia) — Escola de Filosofia, Letras e Ciências Humanas, Universidade Federal de São Paulo, Guarulhos, 2019.

RAZIM, R. A. "Zeus Meilichios: The 'Chthonian' Religious Cults of the God in Ancient Greece and Georges Dumézil's Third 'Indo-European Function'". Paris: Academia. 2016.

REECE, Steve. "Homer's Asphodel Meadow", *Greek, Roman, and Byzantine Studies*, v. 47, n. 4, p. 389-400, 26 dez. 2007.

RIBEIRO JÚNIOR, Wilson Alves. *Hino homérico a Deméter*. Portal Graecia Antiqua, São Carlos, 2007.

RUSSELL, Jeffrey B.; ALEXANDER, Brooks (2001). *História da bruxaria*. São Paulo: Goya, 2019.

SILVA, Maria de Fátima. "Homero e o mundo vegetal", *Classica*, v. 32, n. 2, p. 157-180, 31 dez. 2019.

SILVA, Thiago Timóteo da. 2017. "Casamento por captura — John Ferguson McLennan". *In*: Enciclopédia de Antropologia. São Paulo: Universidade de São Paulo, Departamento de Antropologia.

SOUZA, Camila Diogo de; SILVA, Maria Aparecida de Oliveira (orgs.). *Morte e vida na Grécia Antiga*: olhares interdisciplinares. Teresina: EDUFPI, 2020.

SPRETNAK, Charlene, M.A. "Demeter and Persephone". *In*: SPRETNAK, Charlene, M.A. *Lost Goddesses of Early Greece*: A Collection of Pre--Hellenic Myths. Boston: Beacon Press, 1992.

STAVRIANOPOULOU, Eftychia (ed.). *Ritual and Communication in the Graeco--Roman World*. Liège: Presses Universitaires de Liège, 2006.

TAYLOR, Bron (ed.) *Encyclopedia of Religion and Nature*. Londres: Continuum Publishing, 2000.

TSIPOPOULOU, Metaxia. "Evidence of Violence and Martial Readiness in Minoan Crete", *Archaelogy Newsroom*, 25 fev. 2019.

TSOTSOU, Eirini. Torches in Hellenic Mythology. Grécia: Academia.27 jan. 2016.

VAKKAS, Christina. "Thesmophoria: Women's Ritual in the Ancient World", *Hellenic Museum*, 7 out. 2021.

ZWEIG, Connie; ABRAMS, Jeremiah. *Ao encontro da sombra*: um estudo sobre o potencial oculto do lado escuro da natureza humana. São Paulo: Cultrix, 2024.

LISTA DE IMAGENS

Pág. 29:	Ilustração da autora.
Pág. 30:	Ministério Helênico da Cultura, Museu Arqueológico de Heraclião.
Pág. 31:	William/Adobe Stock.
Pág. 34:	Ministério Helênico da Cultura, Museu Arqueológico de Heraclião.
Pág. 36:	Ilustração do livro *Esboço da história da arte* (1908), de Wilhelm Friedrich Lübke, Mas Semrau e Haack.
Pág. 39:	Autor desconhecido.
Pág. 40:	Ministério Helênico da Cultura, Museu Arqueológico Nacional da Grécia.
Págs. 44, 78, 110, 140 e 156:	Mapa do jardim de Perséfone por Erika Dantas.
Pág. 46:	Ilustração do livro *Medical Botany* (1836), de John Stephenson e James Morss Churchill.
Pág. 47:	BioLib.
Pág. 48:	Ilustração do livro *Les Liliacées* (1894), de Pierre-Joseph Redouté.
Pág. 49:	Ilustração de Otto Wilhelm Thomé (1840-1925).
Págs. 50 e 51:	Ilustrações de Pierre-Joseph Redouté (1749-1840).
Pág. 52, A:	Ilustração de Jacob Sturm (1771-1848).
Pág. 52, B:	Ilustração do livro *Medical Botany* (1836), de John Stephenson e James Morss Churchill.

Págs. 53 e 55:	Ilustrações do livro *Plantas Medicinais de Köhler* (1887).
Pág. 56.	Ilustração de Pierre Jean François Turpin (1775-1840).
Pág. 58, A:	Ilustração de Pierre-Joseph Redouté (1749-1840).
Pág. 58, B:	Ilustração de Otto Wilhelm Thomé (1840-1925).
Pág. 59:	Ilustração de Amédée Masclef no *Atlas des plantes de France* (1891).
Pág. 60:	Ilustração de Jacob Sturm (1771-1848).
Pág. 88:	Museu Britânico, Londres.
Pág. 128:	Charalambos Adronos/iStock.
Pág. 129:	Haris Andronos/Adobe Stock.
Pág. 131:	Doação de Martin A. Ryerson para o Instituto de Arte de Chicago.
Pág. 134:	Ilustração de Jean Hulot e Gustave Fougères.
Pág. 136, A:	Pergamon Museum, Berlim, Alemanha.
Pág. 136, B:	Museu Nacional da Magna Grécia, Itália.
Pág. 137, A:	Doado por de Norbert Schimmel Trust, em 1989, para o Metropolitan Museum of Art, em Nova York.
Pág. 137, B:	Museu Nacional da Magna Grécia, Itália.
Pág. 138:	Doação de Lenore Barozzi, em 1975, para o J. Paul Getty Museum, em Los Angeles.
Págs. 174, 178 e 216:	Ilustrações da autora.
Págs. 179, 187, 197 e 207:	Ilustrações de Erika Dantas.

SOBRE A AUTORA

Obsidiyana é bruxa ctônica, sacerdotisa de Perséfone, perfumista e estudante de arqueologia, atuando desde 2021 na condução de hereges ao caminho de conexão com a deusa através de grupos de estudos que mesclam conhecimentos teóricos, práticas helênicas e celebrações cíclicas ligadas a antigos festivais dedicados a Perséfone.

Brasileira, nasceu e cresceu em Guarulhos, em São Paulo, entre o jardim e o canteiro das avós, vindo a consagrar sua devoção a deusa em 2015. Sempre focada em um sacerdócio e bruxaria de impacto social, em junho de 2023 publicou o "Manifesto da Bruxaria Ctônica" como uma forma de disseminar e popularizar a vertente que cultua e reverencia as divindades do submundo helênico.

Também é membro-fundadora do coven Rosa Rubea, e criadora do Funesta Clube, uma comunidade focada em leituras sobre a morte, as sombras, o luto e tudo o que atravessa o mundo dos vivos e dos mortos. Seu principal devir como bruxa e sacerdotisa da deusa é difundir e preservar os mistérios de morte e renascimento de Perséfone a partir da ciclicidade, do ctonismo, da botânica oculta e da mitologia como caminho de transformação pessoal.

TIPOGRAFIA	Freight Pro [TEXTO] Nagel VF e Freight Pro [ENTRETÍTULOS]
PAPEL	Golden 78 g/m² [MIOLO] Couché 150 g/m² [CAPA] Offset 150 g/m² [GUARDAS]
IMPRESSÃO	Ipsis Gráfica [OUTUBRO DE 2024]